아는만큼
재미있는

엔트리
기초 코딩

시대인

이 책의 구성

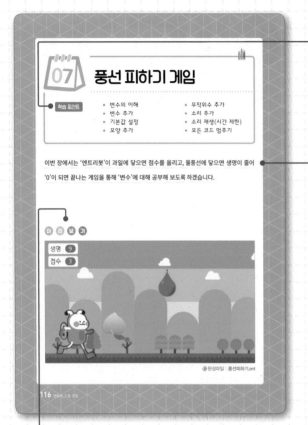

학습 포인트

이번에 학습할 핵심 요소를 살펴봅니다.

학습 목표

무엇을 학습할지 알고 시작합니다.

미리보기

학습 결과물을 미리 살펴봅니다.

학습 다지기

실습 전에 학습할 내용을 간단히 살펴봅니다.

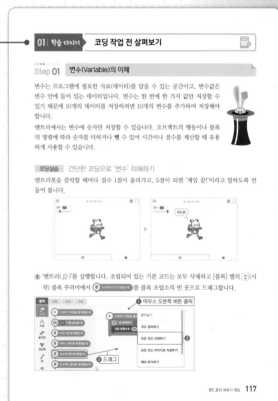

실력 다듬기

활용 예제를 통해 따라하기 방식으로 학습 내용을 익힙니다.

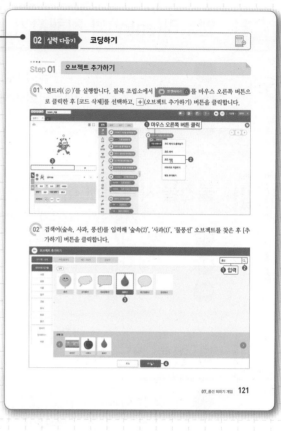

실력 다지기

응용 예제를 통해 학습 내용을 정리하고 복습합니다.

참 고

'엔트리' 프로그램은 수시로 업데이트 버전이 제공되고 있습니다. 설치 버전에 따라 일부 기능 또는 이미지 표현이 교재와 다를 수 있습니다.

 이 책의 **목차**

예제파일 다운로드

1 시대인 홈페이지(www.edusd.co.kr)에 접속한 후, 로그인을 합니다.
※ '시대' 회원이 아닌 경우 [회원가입]을 클릭하여 가입한 후 로그인을 합니다.

2 로그인을 한 후 홈페이지 오른쪽의 Quick Menu에서 [프로그램 자료실]을 선택합니다.

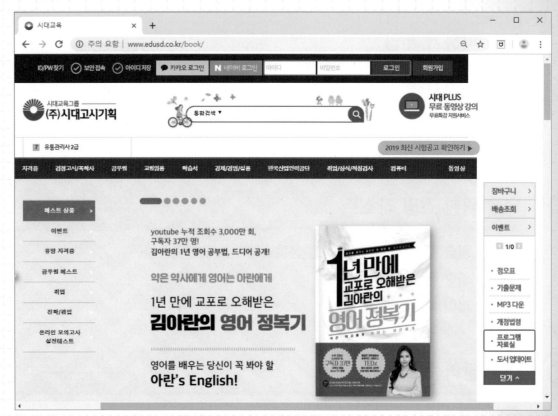

3 프로그램 자료실 화면이 나타나면 책 제목을 검색합니다. 검색된 결과 목록에서 해당 도서의 자료를 찾아 제목을 클릭합니다.

 관련 페이지가 열리면 [엔트리-예제파일.zip]을 선택합니다. 파일이 다운로드되면 [열기]를 선택합니다.

※ 위 이미지는 '크롬(Chrome)' 브라우저의 모습입니다. 인터넷 익스플로러나 엣지를 이용한 경우, 좀 다를 수 있습니다.

 컴퓨터 내의 압축 해제 프로그램을 활용하여 압축을 해제합니다. '엔트리-예제파일.zip' 파일이 해제되면 교재의 준비 파일과 완성 파일이 폴더별로 제공됩니다.

 # 엔트리(entry)와 친해지기

학습 포인트

- 소프트웨어의 개념
- 엔트리의 개념
- 엔트리의 화면 구성
- 오브젝트 관련 요소
- 블록 조립과 삭제
- 엔트리 실행
- 엔트리 작품 저장

엔트리는 '블록형 프로그래밍 언어'로, 블록을 조립하여 코딩하면 명령한 대로 동작하게 됩니다. 엔트리를 처음 접하는 사람들도 게임 프로그램이나 응용 프로그램 등 자신만의 창작물을 쉽게 직접 만들 수 있습니다. 이번 장에서는 엔트리 기본 화면 구성과 기본적인 블록 조립 방법에 대해서 알아보겠습니다.

 미리보기

Step 01 하드웨어와 소프트웨어

'하드웨어(hardware)'의 원래 의미는 '쇠붙이'라는 뜻으로, 컴퓨터의 중앙처리장치(CPU), 기억장치, 입출력장치 등 전자/기계장치의 몸체 그 자체를 가리킬 때에 사용합니다. 컴퓨터의 이런 하드웨어를 활용하여 사람들은 컴퓨터로 '무언가'를 하게 됩니다. 즉, 컴퓨터는 하드웨어를 활용하여 어떤 명령을 수행할 수 있는데, 이 '무언가'가 바로 '소프트웨어'입니다.

▲ 하드웨어

'소프트웨어(software)'는 하드웨어에 사람이 원하는 일을 하기 위해 명령을 해 놓은 것을 말합니다. 컴퓨터에서 문서 작성, 인터넷 접속, 게임 등 특정 명령을 수행할 목적으로 만들어진 프로그램들이 소프트웨어입니다. 소프트웨어는 컴퓨터 프로그램이나 스마트폰의 애플리케이션이 대표적입니다. 다양한 소프트웨어 개발로 많은 발전과 변화가 일어났습니다.

▲ 소프트웨어

Step 02 엔트리(Entry)

블록형 프로그래밍 언어는 '누구나 손쉽게 소프트웨어를 만들 수 있도록 개발된 프로그래밍 언어'입니다. 그 대표적인 프로그래밍 언어로 '엔트리'가 있습니다.

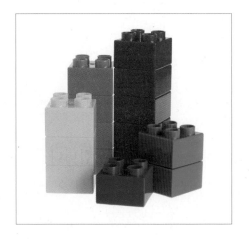

엔트리에서는 레고를 조립하듯이 블록을 조립한 후 실행하면 명령한 대로 프로그램이 동작하게 됩니다. 이런 원리로 쉽게 게임, 애니메이션, 응용 프로그램들을 만들 수 있습니다. 또한 엔트리에서는 온라인에서 작품을 만들 수 있고, 만든 작품을 다른 사람과 공유하고 협업할 수도 있습니다. 다른 사람들의 작품을 보고, 코딩하는 방법을 배울 수도 있습니다. 온라인뿐만 아니라 오프라인에서 엔트리를 다운로드하여 작품을 만들 수도 있습니다.

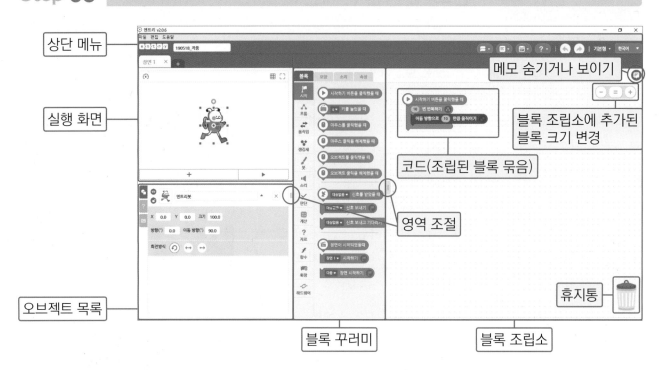

01 상단 메뉴

① 메뉴 : [파일], [편집], [도움말]에 관련 명령들을 모아 놓았습니다.

② 작품 이름 : 작품의 이름 부분을 클릭하면 다른 이름으로 변경할 수 있습니다.

③ 언어 선택 : '블록코딩' 또는 '엔트리파이선' 모드를 선택하여 설정할 수 있습니다.

　• '블록코딩' 모드 : 블록 프로그래밍 언어로 초보자에 적합합니다.

　• '엔트리파이선' 모드 : 엔트리 블록이 파이선 문법에 맞게 전환됩니다. 텍스트 프로그래밍 언어를 익힐 수 있습니다.

④ 파일 : '새로 만들기' 또는 '오프라인 작품 불러오기'를 할 수 있습니다.

⑤ 저장하기 : 현재 작품을 저장하거나 복사본으로 저장할 수 있습니다.

⑥ 도움말 : 블록 설명을 보거나 하드웨어 연결 안내, 엔트리파이선 이용 안내 파일을 받을 수 있습니다.

⑦ 입력 취소/다시 실행 : 작업을 바로 이전으로 되돌리거나 바로 이후로 복구시킵니다.

⑧ 기본형/교과형 : '기본형' 모드는 모든 엔트리 기능을 사용할 수 있고, '교과형'은 실과 교과서에 나온 기능만 사용할 수 있습니다.

⑨ 언어를 변경할 수 있는 곳입니다. 현재 사용 가능한 언어는 한국어, 영어, 일본어, 베트남어입니다.

02 실행 화면

실제로 코딩한 결과를 확인할 수 있는 곳입니다. 명령어를 통해 움직일 수 있는 오브젝트를 추가하여 블록 조립소에서 블록 조립한 결과가 나타납니다.

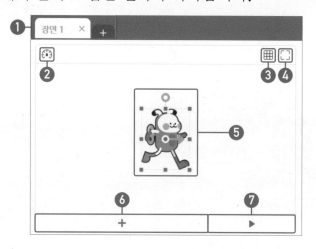

① 장면 탭 : 　＋　를 클릭하여 장면 탭을 추가할 수 있습니다. 장면 이름 옆의 ✕ 를 클릭하면 장면 탭을 삭제할 수 있습니다.

② 속도 조절 : 작품이 실행되는 속도를 조절할 수 있습니다. 다섯 단계로 조절 가능하며, 오른쪽으로 갈수록 빨라집니다.

③ 모눈종이 : 실행 화면 위에 좌표가 표시되도록 합니다. 실행 화면의 좌표는 중앙(0,0)을 중심으로 가로 방향으로 −240~240, 세로 방향으로 −135~135로 이루어져 있습니다.

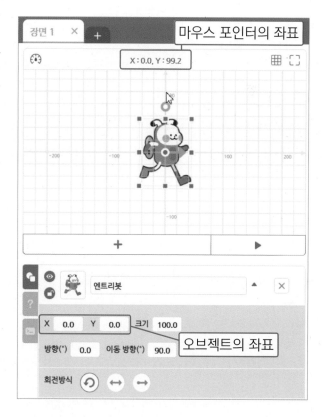

④ 크게 보기 : 실행 화면을 크게 볼 수 있습니다. 크게 보기 화면의 ⊞ 를 클릭하면 원래 크기로 되돌아옵니다.

⑤ **오브젝트** : 명령어를 통해 움직일 수 있는 대상입니다. 캐릭터, 사물, 글상자, 배경 등이 있습니다.

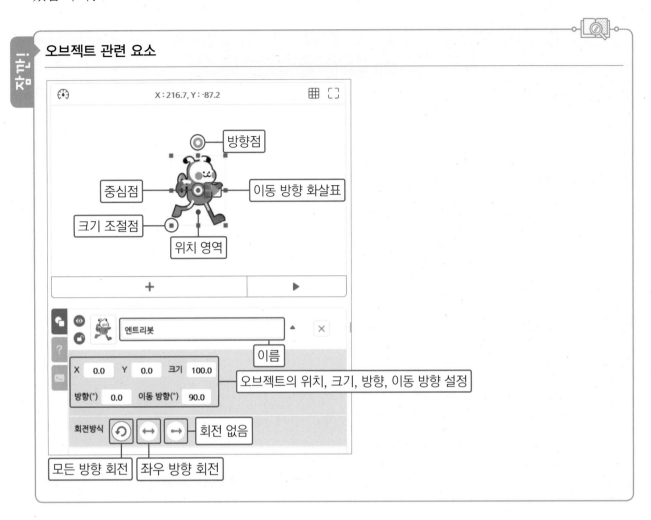

⑥ **오브젝트 추가하기** : 새로운 오브젝트를 추가할 수 있습니다.

⑦ **시작하기** : 블록 조립소에 조립한 명령에 따라 작품을 실행하거나 정지할 수 있습니다.

03 블록 꾸러미

기본적으로 [블록], [모양], [소리], [속성] 탭으로 구성되어 있습니다.

1 블록 : 오브젝트를 움직일 수 있는 다양
한 명령어 블록들이 있는 곳입니다. 시
작, 흐름 등 12개 카테고리(블록 꾸러미)
에 140여 개의 블록들이 있습니다.

2 모양 : 오브젝트의 모양을 추가하거나 이
름을 수정하고, 복제하는 등의 작업을
할 수 있습니다.

3 소리 : 오브젝트가 낼 소리를 관리하는
곳으로, 새롭게 소리를 추가할 수 있습
니다.

4 속성 : 코드에 관여하는 변수나 신호, 리
스트, 함수를 추가할 수 있습니다.

04 블록 조립소

블록 꾸러미에서 블록을 끌어와 블록 조립소에서 조립할 수 있
습니다. 이렇게 조립된 블록 묶음을 '코드'라고 합니다.

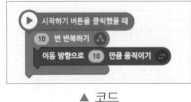

▲ 코드

05 휴지통

삭제할 코드를 🗑(휴지통)으로 끌고 오면 삭제됩니다. 삭제할 코드 위에서 마우스 오른쪽 버
튼을 클릭한 후 [코드 삭제]를 선택하여 삭제할 수도 있습니다.

Step 01 · 엔트리에 회원 가입하기

01 엔트리는 크롬 브라우저에 최적화되어 있습니다. '크롬( )' 브라우저를 실행하여 '엔트리(https://playentry.org)' 홈페이지에 접속한 후, 오른쪽 상단의 [회원가입] 버튼을 클릭합니다.

잠깐! '크롬' 브라우저

사용자가 사용하는 웹 브라우저를 실행한 후 구글의 크롬 다운로드 페이지(https://www.google.com/chrome)에 접속합니다. [Chrome 다운로드] 버튼을 클릭한 후 약관에 동의하고 설치 단계에 따라 크롬을 설치합니다.

크롬 다운로드 페이지 ▶

잠깐! 회원 가입

회원으로 가입하지 않아도 이용할 수 있지만, 온라인 서비스의 일부 기능에 제한이 있을 수 있습니다.

02 [회원 가입] 창이 나타나면 '학생' 또는 '선생님' 중에서 선택한 후 이용약관과 개인정보 수집에 대해 동의하고 [다음] 버튼을 클릭합니다. 사용할 사용자의 아이디와 비밀번호를 입력하고, 다시 한 번 비밀번호를 입력하여 확인한 후 [다음] 버튼을 클릭합니다.

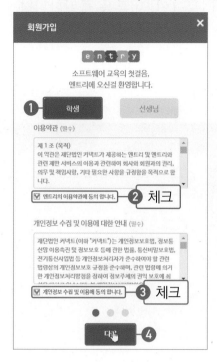 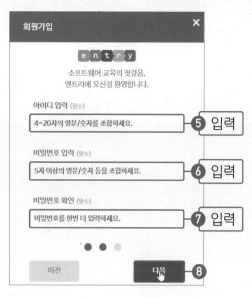

03 내가 만든 작품을 공유하고 싶은 학급과 성별은 필수 항목이므로 꼭 선택하고, 이메일 주소는 선택 사항이므로 원하는 사람만 입력한 후 [다음] 버튼을 클릭합니다. 회원 가입이 완료되면 [확인] 버튼을 클릭합니다.

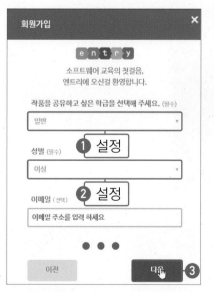 

아이디와 비밀번호 찾기

이메일 주소는 선택 사항이지만, 아이디 또는 비밀번호를 잃어버렸을 때 활용되므로 입력하는 것이 좋습니다.

01 '엔트리' 홈페이지에 로그인을 하기 위해서 오른쪽 상단의 [로그인] 버튼을 클릭합니다. [로그인] 창이 나타나면 가입할 때 입력한 아이디와 비밀번호를 입력한 후 [로그인] 버튼을 클릭합니다.

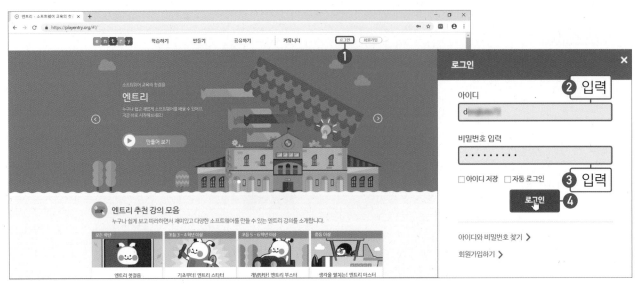

02 '엔트리' 홈페이지의 상단 메뉴에는 [학습하기], [만들기], [공유하기], [커뮤니티]가 있습니다. 엔트리 코딩을 직접 실습하기 위해 상단 메뉴에 마우스 포인터를 가져간 후 [작품 만들기]를 클릭합니다.

엔트리 메뉴

• **학습하기** : 엔트리에서 제공하는 주제별, 학년별 학습 과정을 통해 소프트웨어를 배워 볼 수 있습니다.
• **만들기** : 블록 조립을 통해 게임, 응용 프로그램을 직접 만들어 볼 수 있습니다.
• **공유하기** : 직접 만든 작품을 공유하거나 다른 사람의 작품을 공유할 수 있습니다.
• **커뮤니티** : 서로 묻고 답하고, 노하우 및 팁 등의 의견을 주고받을 수 있습니다.

03 작품 만들기 화면이 나타납니다. 첫 화면에서는 기본적인 구성 설명이 나타납니다. 각 구성에 대한 기능을 읽어 본 후, 화면을 클릭합니다.

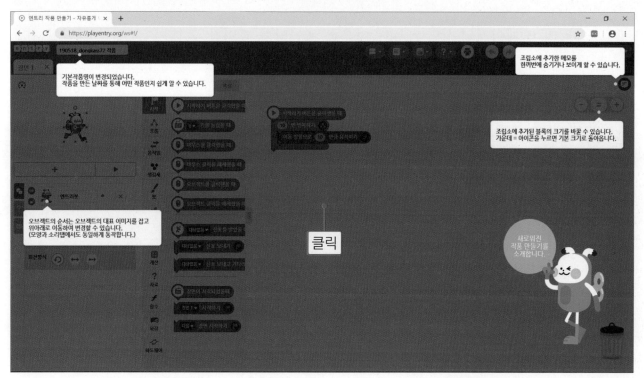

04 이제 온라인에서 직접 코딩하는 과정을 실습하고, 자신의 작품을 만들 수 있습니다.

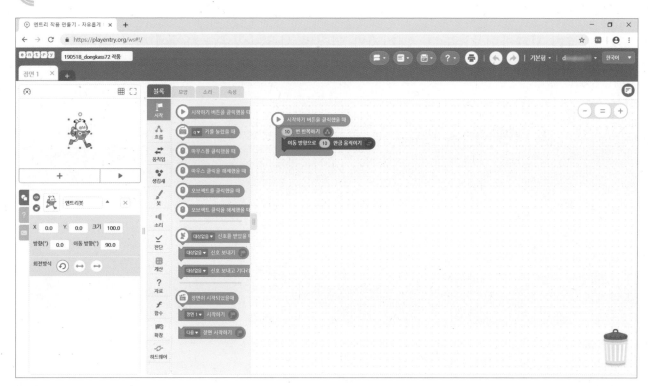

이 교재에서는 온라인이 아니라 오프라인을 통해 코딩을 연습해 볼 예정이므로, 여기서는 온라인 화면만 확인하고, 왼쪽의 entry 를 클릭해 첫 화면으로 이동합니다.

01 '엔트리' 홈페이지의 상단 메뉴에 마우스 포인터를 가져간 후 [다운로드]를 클릭합니다.

02 엔트리 오프라인 다운로드 페이지가 열리면 사용자의 PC 사양에 맞는 버전을 선택한 후 클릭합니다.

03 실행 파일이 다운로드됩니다. 다운로드가 완료되면 크롬 브라우저 하단에 표시된 실행 파일의 ∧ 를 클릭한 후 [열기]를 선택합니다.

04 [엔트리 설치] 창이 나타나면 [다음] 버튼을 클릭하며 절차에 따라 설치를 진행합니다.

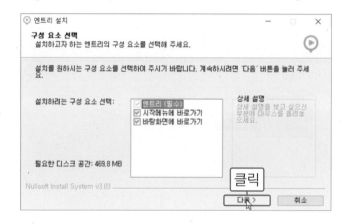

05 엔트리 설치가 완료되면 '엔트리 실행하기'가 체크되어 있는 상태에서 [마침] 버튼을 클릭합니다.

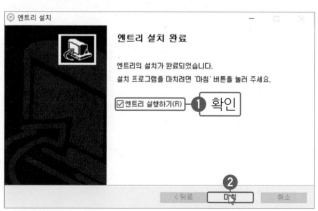

06 오프라인용 '엔트리' 프로그램이 실행됩니다. 일반 초보자의 경우는 엔트리의 모든 기능을 사용할 수 있는 '기본형'을 선택하고 [확인] 버튼을 클릭합니다.

07 엔트리 온라인과 같은 기능의 오프라인 기본형 프로그램이 실행됩니다.

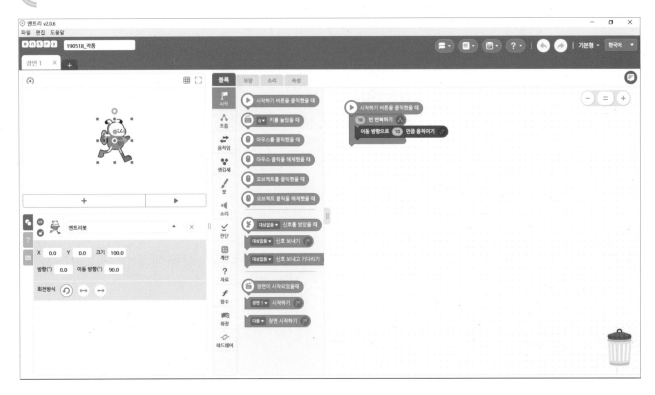

01 삭제할 블록 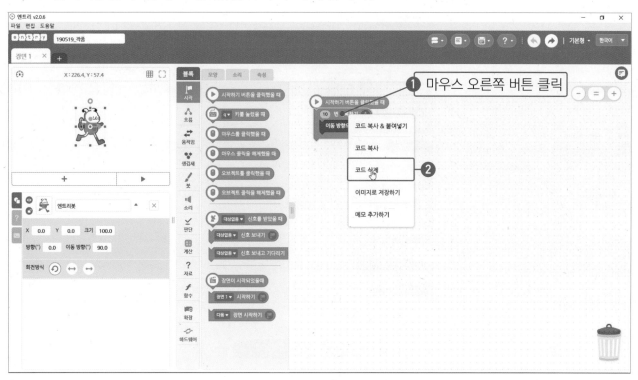 를 마우스 오른쪽 버튼으로 클릭한 후, [코드 삭제]를 선택합니다. 블록 안에 포함된 블록까지 삭제됩니다.

블록 삭제

· 블록은 한 번 조립되면 덩어리 단위로 움직이기 때문에 조립된 블록을 한꺼번에 삭제할 수 있습니다.

· 삭제할 블록을 선택한 후 블록 조립소의 🗑(휴지통)으로 드래그하거나 Delete 키를 눌러 삭제할 수도 있습니다.

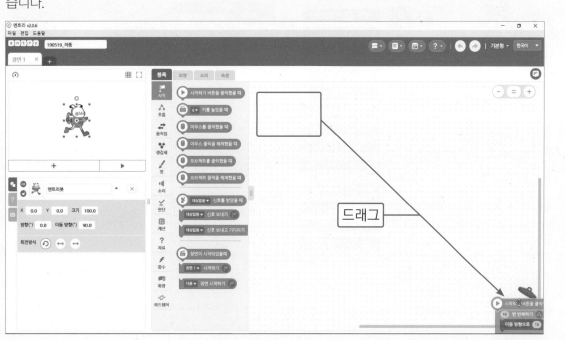

02 [블록] 탭의 ⚠️(흐름) 블록 꾸러미에서 `계속 반복하기 ⚠️`를 블록 조립소의 `▶ 시작하기 버튼을 클릭했을 때` 아래로 드래그하여 블록이 연결되도록 조립합니다.

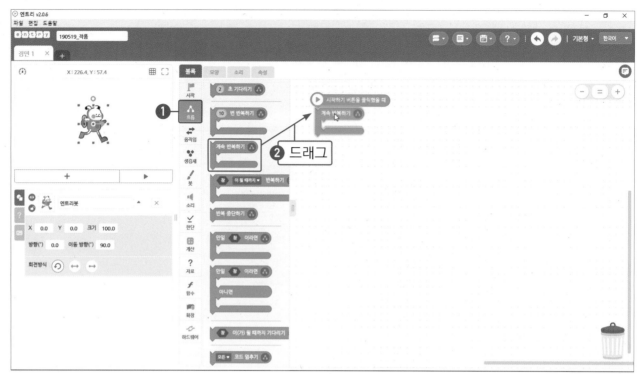

03 🔁(움직임) 블록 꾸러미에서 `이동 방향으로 10 만큼 움직이기 🔁`를 블록 조립소의 `계속 반복하기 ⚠️` 안으로 드래그하여 조립합니다.

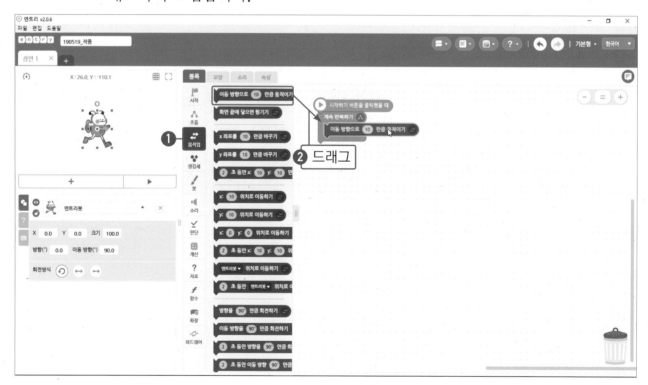

04 화면 끝에 닿으면 튕기기 를 블록 조립소의 이동 방향으로 10 만큼 움직이기 아래로 드래그하여 조립합니다.

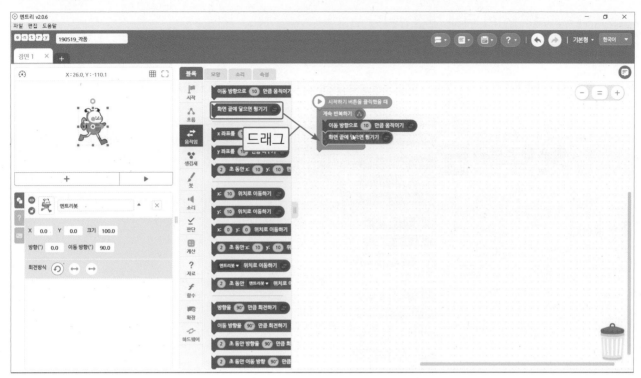

05 실행 화면에서 ▶(시작하기) 버튼을 클릭하면 엔트리봇이 화면 오른쪽으로 이동하다가 화면 끝에 닿으면 튕겨서 반대 방향으로 이동하는 것을 확인할 수 있습니다. ■(정지하기) 버튼을 클릭합니다.

06 조립된 블록 중 `이동 방향으로 10 만큼 움직이기` 의 이동 값 '10'을 '5'로 변경하여 속도를 조절해 준 후, 실행 화면에서 ➡ (이동 방향 화살표)를 드래그하여 '엔트리봇'의 이동 방향을 위쪽으로 사선이 되게 변경합니다.

07 실행 화면에서 ▶ (시작하기) 버튼을 클릭하면 이동 방향이 변경되어 '엔트리봇'이 사선 으로 왔다갔다 천천히 이동하는 것을 확인할 수 있습니다. 확인이 끝났으면 실행 화면 의 ■ (정지하기) 버튼을 클릭해 재생을 중지합니다.

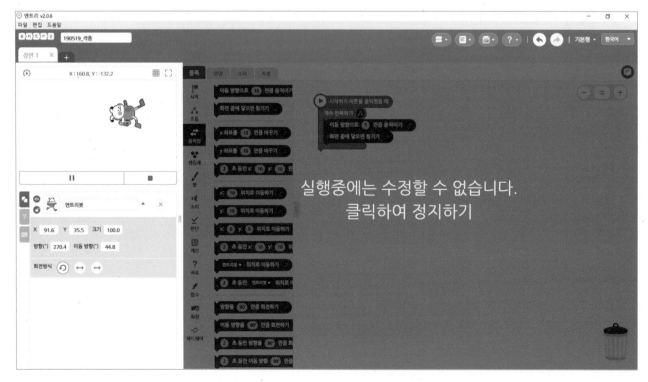

08 작품을 저장하기 위해 작품 이름을 '테스트'로 변경한 후, 상단 메뉴 중 (저장하기)를 클릭하고 [저장하기]를 선택합니다.

09 [다른 이름으로 저장] 대화상자가 나타나면 저장 경로를 설정한 후 [저장] 버튼을 클릭하여 저장합니다.

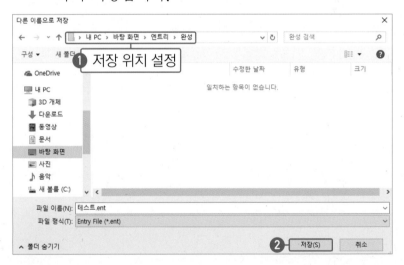

달리는 엔트리봇 표현하기

현재 1개의 이미지가 움직이고 있어 엔트리봇이 단순히 미끄러지듯 움직이고 있습니다. [모양] 탭을 클릭하면 엔트리봇의 모습이 2개인 것을 알 수 있습니다. (생김새) 블록 꾸러미에서 다음▼ 모양으로 바꾸기 를 계속 반복하기 의 사이 공간으로 드래그하여 추가로 조립하면 2번째 이미지와 자연스럽게 연결하여 팔과 다리의 움직임이 있는 것처럼 보입니다.

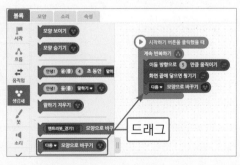

1 '엔트리'의 블록 조립소에 다음과 같은 코드를 작성해 봅니다.

> **학습 TIP**
> ① '엔트리'를 실행하여 작업 중이었다면 Ctrl + N 키 또는 [파일]-[새로 만들기] 메뉴를 선택하고, '엔트리' 프로그램이 열려 있지 않다면 '엔트리( )'를 실행하여 새 작품을 엽니다.
> ② 조립되어 있는 기본 코드에 (생김새) 블록 꾸러미의 다음▼ 모양으로 바꾸기 를 가져와 조립합니다.

2 문제 [1]에서 작성한 코드를 다음과 같은 코드로 변경해 봅니다.

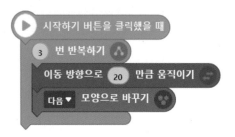

> **학습 TIP**
> ① 블록 조립소에 조립되어 있는 블록 중 10 번 반복하기 의 반복 횟수 '10'을 '3'으로 변경합니다.
> ② 이동 방향으로 10 만큼 움직이기 의 이동 값 '10'을 '20'으로 변경합니다.

3 문제 [2]에서 작성한 코드를 다음과 같이 삭제한 후 '코드삭제'로 저장해 봅니다.

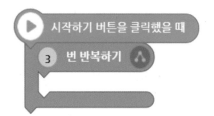

> **학습 TIP**
> 삭제할 블록 위에서 마우스 오른쪽 버튼을 클릭하여 [코드 삭제]를 선택합니다.

4 '엔트리(https://playentry.org)' 홈페이지에서 [학습하기]-[엔트리 학습하기]에서 [STEP2]를 학습해 봅니다.

물건을 사라지게 하는 마술쇼

학습 포인트

- 순차 프로그래밍의 이해
- 오브젝트 삭제
- 오브젝트 추가
- 오브젝트 위치, 크기 조정
- 시작하기 블록
- 기다리기 블록
- 말하기 블록
- 모양 숨기기 블록

이번 장에서는 할아버지와 아이가 서로 대화를 나누고, 마지막에는 인형을 사라지게 하는 마술쇼를 통해 시간의 흐름에 따라 차례대로 진행되는 순차 프로그래밍 방법을 공부해 봅니다.

   미 리 보 기

⊙ 완성파일 : 마술.ent

····
Step 01   순차(Sequence)의 이해

순차는 '순서'라는 뜻으로, 시간의 흐름에 따라 순서대로 처리하는 것을 뜻합니다.

예 걸어간다 : 왼발 → 오른발 → 왼발 → 오른발

코딩실습   간단한 코딩으로 '순차' 이해하기

엔트리봇을 이동 방향으로 10만큼 움직인 후 2초 동안 기다리도록 하는 동작을 3번 하도록 만들어 앞으로 이동하는 엔트리봇을 느린 화면으로 재생한 듯한 장면을 연출해 봅니다.

① '엔트리(⊙)'를 실행합니다. 조립되어 있는 기본 코드 중 삭제할 블록 〔 10 번 반복하기 〕 를 마우스 오른쪽 버튼으로 클릭한 후, [코드 삭제]를 선택합니다.

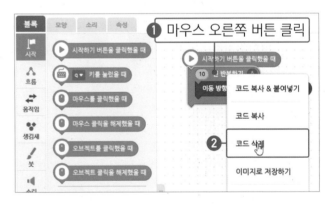

② [블록] 탭의 〔움직임〕 블록 꾸러미에서 〔이동 방향으로 10 만큼 움직이기〕를 블록 조립소의 〔시작하기 버튼을 클릭했을 때〕 아래로 드래그하여 블록이 연결되도록 조립(코딩)합니다.

③ 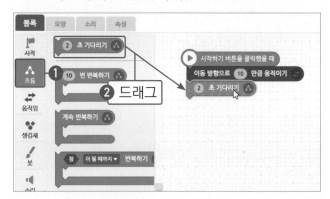 (흐름) 블록 꾸러미에서 ⟨2 초 기다리기⟩ 를 블록 조립소의 ⟨이동 방향으로 10 만큼 움직이기⟩ 아래로 드래그하여 조립합니다.

> 사람이 이동할 때 머리에서 명령을 하면 이동하듯이 컴퓨터에도 일일이 이동 순서를 설명(코딩)해줘야 그에 맞는 행동을 합니다. 이동 방향으로 10만큼 여러 번 움직일 수 있게 코드를 짜주면 컴퓨터는 명령에 따라 엔트리봇을 움직이게 해 줍니다.

④ ②~③을 2번 더 반복하여 조립합니다.

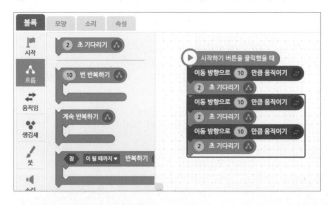

⑤ 실행 화면에서 ▶(시작하기) 버튼을 클릭합니다. 코딩된 순서대로 엔트리봇이 이동 방향으로 움직인 후 잠시 기다렸다 다시 움직이는 것을 확인합니다.

Step 02 　코딩할 실행 장면 계획 세우기

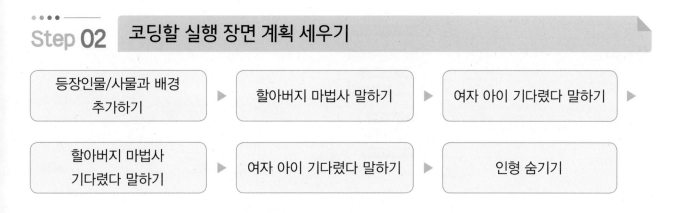

등장인물/사물과 배경 추가하기 ▶ 할아버지 마법사 말하기 ▶ 여자 아이 기다렸다 말하기 ▶

할아버지 마법사 기다렸다 말하기 ▶ 여자 아이 기다렸다 말하기 ▶ 인형 숨기기

블록 꾸러미	블록	설명
(시작)	시작하기 버튼을 클릭했을 때	▶(시작하기) 버튼을 클릭하면 아래에 연결된 블록들을 실행합니다.
(흐름)	2 초 기다리기	입력한 시간만큼 기다린 후 다음 블록을 실행합니다.
(생김새)	안녕! 을(를) 4 초 동안 말하기▼	오브젝트가 입력한 내용을 입력한 시간 동안 말풍선으로 말한 후 다음 블록을 실행합니다.
	모양 숨기기	오브젝트를 실행 화면에 보이지 않게 합니다.

02 | 실력 다듬기 　코딩하기

01 '엔트리(▶)'를 실행하면 새 작품이 시작됩니다. 오브젝트 목록에서 '엔트리봇'의 ☒ (삭제) 버튼을 클릭하여 '엔트리봇' 오브젝트를 삭제합니다.

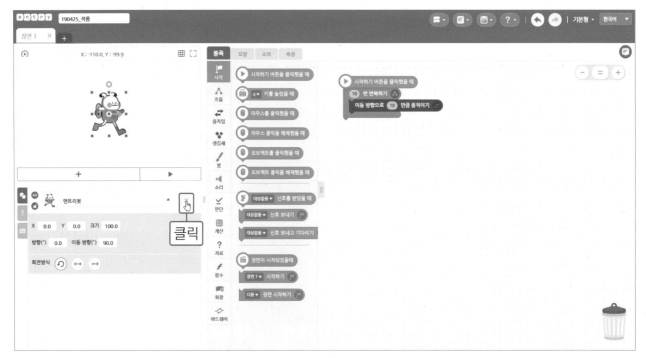

02 오브젝트를 추가하기 위해 ➕(오브젝트 추가하기) 버튼을 클릭합니다.

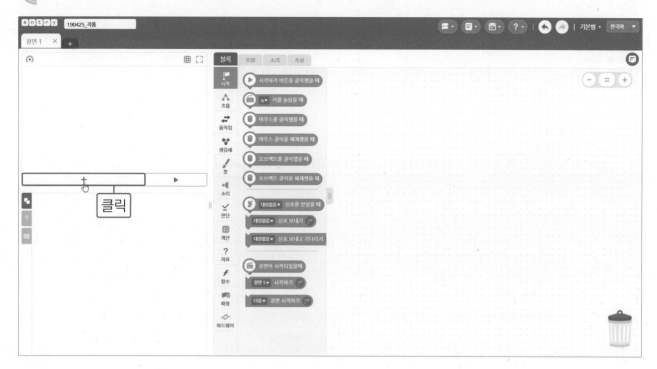

03 [오브젝트 추가하기]에서 검색어 입력란에 '마법사'라고 입력한 후 검색합니다.

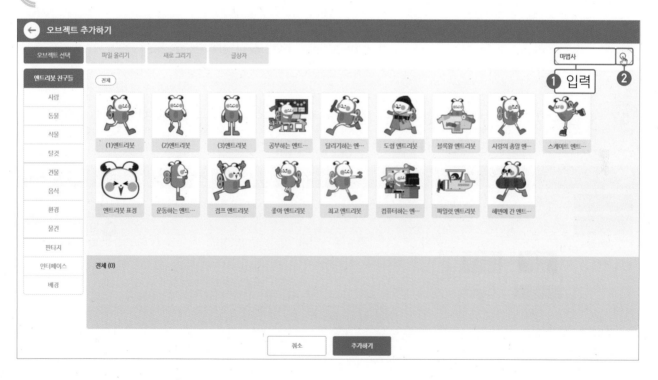

04 검색된 마법사 중 '할아버지 마법사' 오브젝트를 선택합니다.

05 같은 방법으로 '아이'를 입력하여 검색한 후 '뛰어노는 아이' 오브젝트를 선택합니다.

06 같은 방법으로 '인형'을 입력하여 검색한 후 '인형' 오브젝트를 선택합니다.

07 같은 방법으로 '무대'를 입력하여 검색한 후 '조명이 있는 무대' 오브젝트를 선택하고,
[추가하기] 버튼을 클릭합니다.

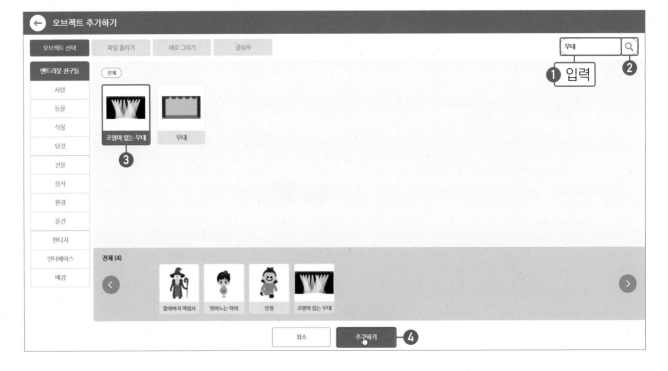

08 배경과 등장인물로 활용될 오브젝트가 추가되어 실행 화면에 표시됩니다.

Step 02　오브젝트 위치 설정하기

01 실행 화면에서 '인형' 오브젝트를 아래쪽으로 드래그하여 이동합니다.

02 '뛰어노는 아이' 오브젝트는 실행 화면 왼쪽에, '할아버지 마법사' 오브젝트는 실행 화면 오른쪽에 배치합니다.

03 '인형' 오브젝트의 크기 조절점을 드래그하여 크기를 작게 조절합니다.

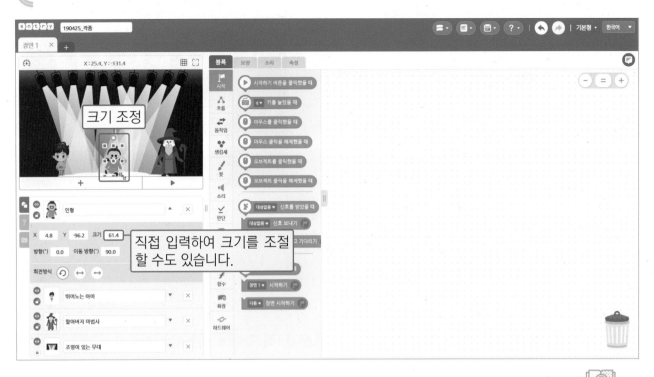

오브젝트 핸들러

- 오브젝트의 핸들러를 사용하여 크기, 방향, 위치, 중심을 변경할 수 있습니다.
- '중심점'은 오브젝트가 회전할 때 기준이 되므로, 오브젝트의 위치를 이동할 때에는 '중심점'을 옮기지 않도록 주의해야 합니다.

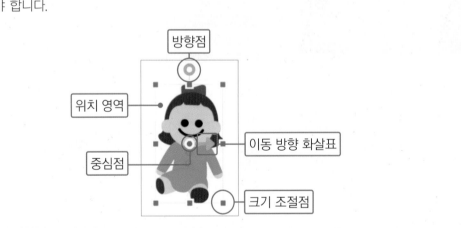

01 '할아버지 마법사' 오브젝트를 선택한 후, [블록] 탭의 (시작) 블록 꾸러미에서 시작하기 버튼을 클릭했을 때 를 블록 조립소의 빈 곳으로 드래그하여 삽입합니다.

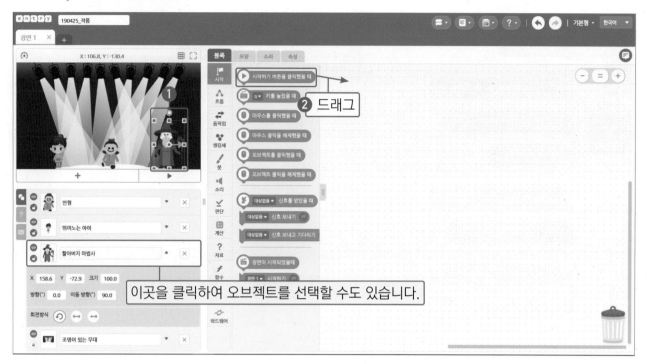

02 (생김새) 블록 꾸러미에서 안녕! 을(를) 4 초 동안 말하기 를 드래그하여 블록 조립소의 시작하기 버튼을 클릭했을 때 아래에 블록이 연결되도록 조립한 후, '4'초를 '2'초로 변경합니다.

03 다시 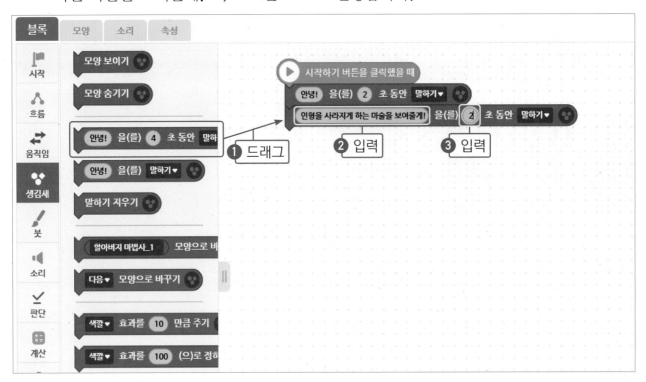(생김새) 블록 꾸러미에서 안녕! 을(를) 4 초 동안 말하기 를 드래그하여 블록 조립소에 안녕! 을(를) 2 초 동안 말하기 아래에 추가로 조립한 후 '안녕!'은 '인형을 사라지게 하는 마술을 보여줄게!'로, '4'초는 '2'초로 변경합니다.

04 '뛰어노는 아이' 오브젝트를 선택한 후, (시작) 블록 꾸러미에서 시작하기 버튼을 클릭했을 때 를 블록 조립소의 빈 곳으로 드래그하여 삽입니다.

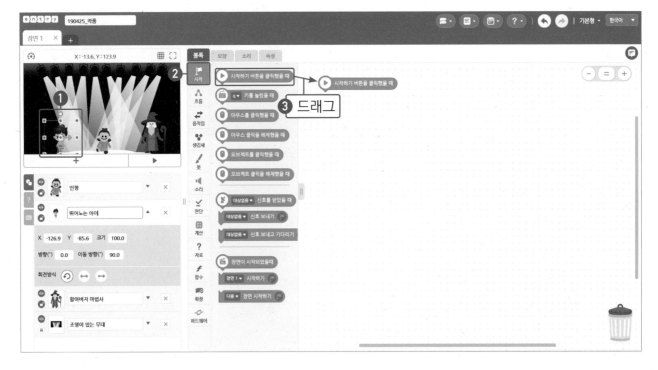

05 ⬢(흐름) 블록 꾸러미에서 [2 초 기다리기]를 블록 조립소의 [▶ 시작하기 버튼을 클릭했을 때] 아래로 드래그하여 블록이 연결되도록 조립한 후, 할아버지 마법사가 4초 동안 먼저 이야기했으므로 '2'초를 '4'초로 변경합니다.

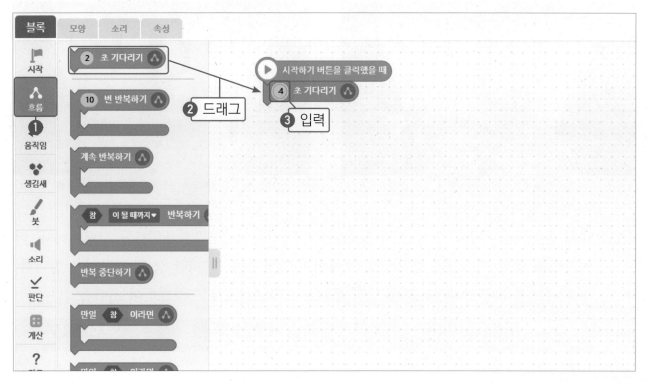

06 ⬢(생김새) 블록 꾸러미에서 [안녕! 을(를) 4 초 동안 말하기]를 블록 조립소의 [4 초 기다리기] 아래로 드래그하여 조립한 후 '안녕!'을 '정말요?'로, '4'초는 '2'초로 변경합니다.

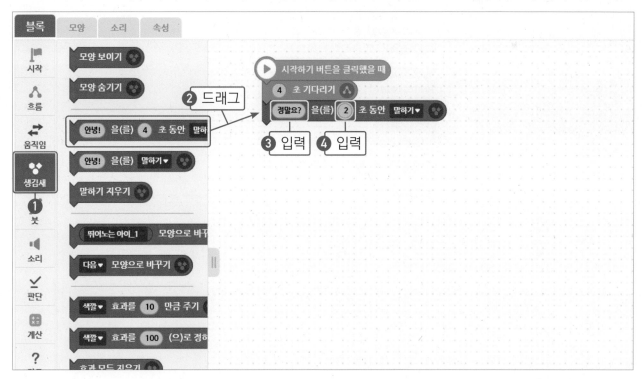

07 실행 화면에서 ▶(시작하기) 버튼을 클릭하여 할아버지 마법사가 말한 후 기다렸다가 아이가 말하는 것을 확인하고 ■(정지하기) 버튼을 클릭해 재생을 중지합니다.

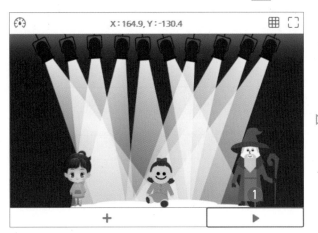 ▷

08 다시 할아버지 마법사가 말할 차례이므로 '할아버지 마법사' 오브젝트를 선택합니다. 아이가 2초 동안 이야기를 했으므로 할아버지 마법사는 그 시간 동안 기다려야 합니다. ∧(흐름) 블록 꾸러미에서 ⟨2 초 기다리기 ∧⟩를 블록 조립소로 드래그하여 조립합니다.

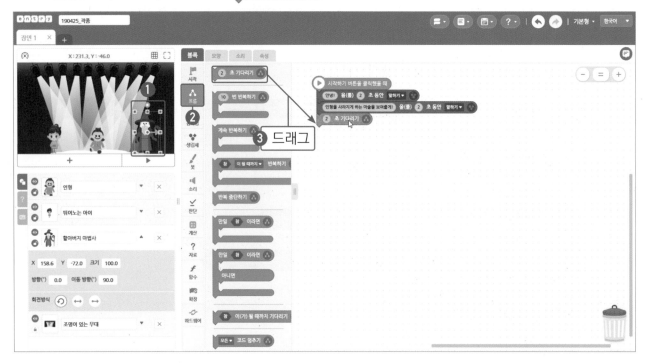

09 ▓(생김새) 블록 꾸러미에서 [안녕! 을(를) 4 초 동안 말하기▼]를 블록 조립소로 드래그하여 조립한 후 '안녕!'을 '하나, 둘, 셋을 세어주렴.'으로, '4'초는 '2'초로 변경합니다.

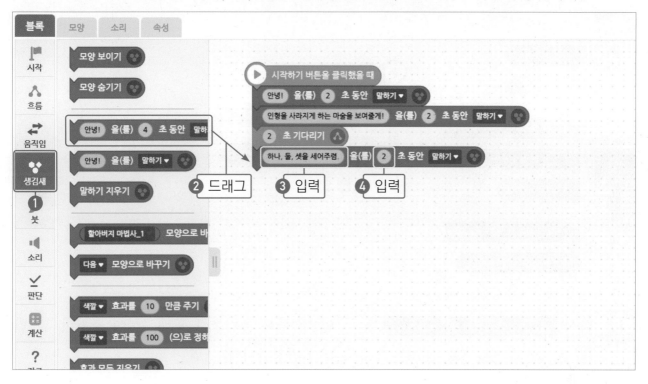

10 이번에는 다시 아이가 말할 차례이므로 '뛰어노는 아이' 오브젝트를 선택합니다. 할아버지 마법사가 2초 동안 이야기했으므로 아이는 그 시간 동안 기다려야 합니다. ▨(흐름) 블록 꾸러미에서 [2 초 기다리기]를 블록 조립소로 드래그하여 조립합니다.

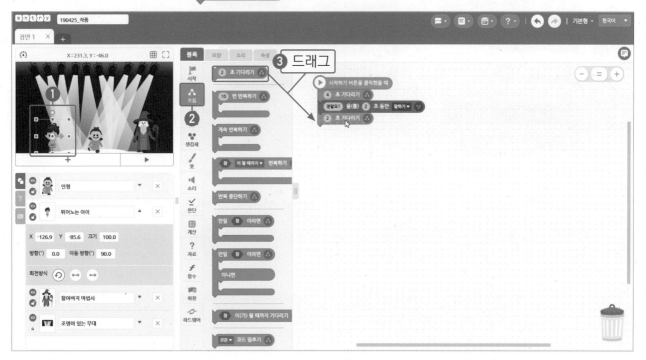

11 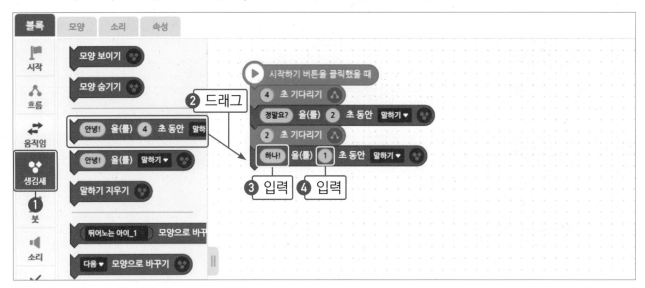 (생김새) 블록 꾸러미에서 [안녕! 을(를) 4 초 동안 말하기] 를 블록 조립소로 드래그하여 조립한 후 '안녕!'을 '하나!'로, '4'초는 '1'초로 변경합니다.

12 다시 [안녕! 을(를) 4 초 동안 말하기] 를 두 번 더 블록 조립소로 드래그하여 조립한 후 '안 녕!'을 '둘!'과 '셋!'으로, '4'초는 '1'초로 각각 변경합니다.

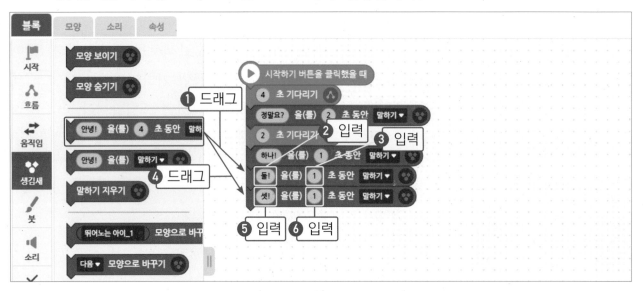

13 실행 화면에서 ▶(시작하기) 버튼을 클릭하여 할아버지 마법사와 아이의 대화 전체를 확인한 후 ■(정지하기) 버튼을 클릭해 재생을 중지합니다.

01 '인형' 오브젝트를 선택한 후 ▣(시작) 블록 꾸러미에서 ▶ 시작하기 버튼을 클릭했을 때 를 블록 조립소의 빈 곳으로 드래그하여 삽입합니다.

02 할아버지 마법사와 아이의 대화 시간을 계산하면 '11초'이므로 ▲(흐름) 블록 꾸러미에서 ② 초 기다리기 ▲ 를 블록 조립소의 ▶ 시작하기 버튼을 클릭했을 때 아래로 드래그하여 조립한 후, '2'초를 '11'초로 변경합니다.

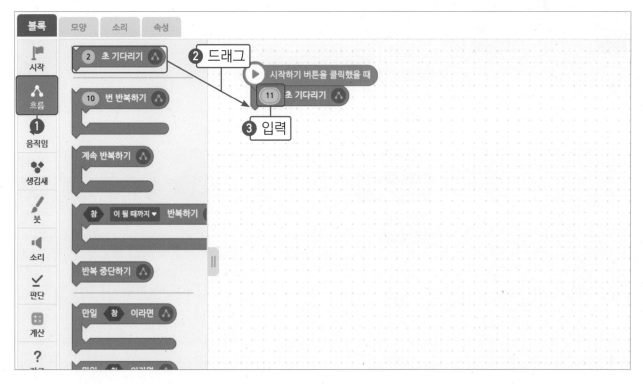

03 인형을 사라지게 하기 위해 👾(생김새) 블록 꾸러미에서 `모양 숨기기 👾`를 블록 조립소로 드래그하여 조립합니다.

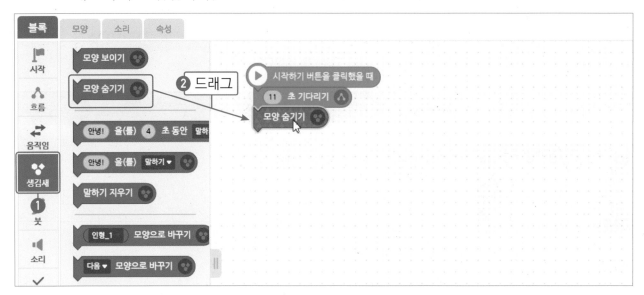

04 실행 화면에서 ▶(시작하기) 버튼을 클릭하여 할아버지 마법사가 인형을 사라지게 하는 과정을 모두 확인한 후 ■(정지하기) 버튼을 클릭해 재생을 중지합니다.

05 작품을 저장하기 위해 왼쪽 상단에 표시된 작품 이름을 '마술'로 변경한 후, 오른쪽 상단의 메뉴 중 💾▾(저장하기)를 클릭하고 [저장하기]를 선택합니다.

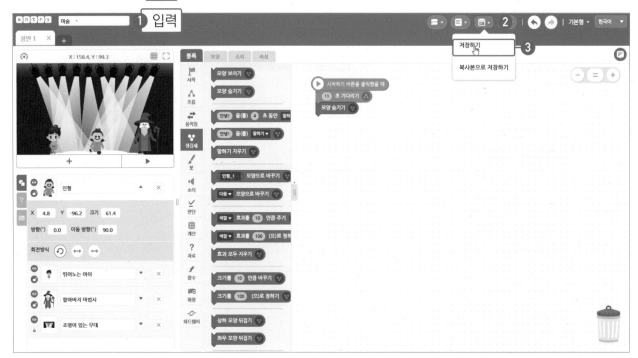

06 [다른 이름으로 저장] 대화상자가 나타나면 저장 경로를 설정한 후 [저장] 버튼을 클릭하여 저장합니다.

1 다음 순서대로 오브젝트를 추가합니다.

- 오브젝트 추가 : 알라딘 배경, 아랍 왕자, 마법 양탄자(1), 아랍 공주

2 실행 화면을 재생하면 '아랍 공주'가 3초 동안 말한 후에 '아랍 왕자'가 3초 동안 말하고, '마법 양탄자(1)'이 나타나게 코딩해 봅니다.

- '아랍 공주' 오브젝트 말하기 내용 : 알라딘! 도망쳐야 되는데 어쩌죠?
- '아랍 왕자' 오브젝트 말하기 내용 : 걱정말아요! 날으는 양탄자야 나타나라~

 ▷  ▷

3 문제 [1]~[2]에서 만든 작품을 '알라딘'이라는 이름으로 저장해 봅니다.

물 위를 걷는 사람

학습 포인트

- 반복 프로그래밍의 이해
- 오브젝트 순서 변경
- 오브젝트 복제
- 반복 블록
- 조건 블록(단순 조건)
- 판단 블록(비교 연산자)
- 좌표
- 코드 복사와 붙여넣기

이번 장에서는 배경이 무한으로 스크롤되어서 마치 사람이 물 위를 걷는 것처럼 연출하는 코딩을 통해 반복 프로그래밍 방법을 공부해 봅니다.

◉ 완성파일 : 물위를걷는사람.ent

Step 01 반복(Repeat)의 이해

반복은 순차 프로그래밍에서 반복되는 명령어들을 묶어서 처리하는 방식입니다. 반복 프로그래밍은 중복을 제거하여 프로그래밍을 단순화함으로써 쉽고 빠르게 작업을 할 수 있게 합니다.

예 순차 방식과 반복 방식

- 순차 방식 :

- 반복 방식 :

코딩실습 간단한 코딩으로 '반복' 이해하기

반복 프로그래밍으로 엔트리봇을 이동 방향으로 10만큼 움직인 후 2초 동안 기다리도록 하는 동작을 3번 하도록 만들어 앞으로 이동하는 엔트리봇을 느린 화면으로 재생한 듯한 장면을 연출해 봅니다.

① '엔트리(◉)'를 실행하면 기본 코드가 조립되어 있습니다.

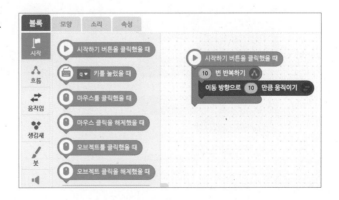

② [블록] 탭의 ⚘(흐름) 블록 꾸러미에서 ⌇2 초 기다리기 ⚘⌇를 블록 조립소의 이동 방향으로 10 만큼 움직이기 아래로 드래그하여 조립합니다.

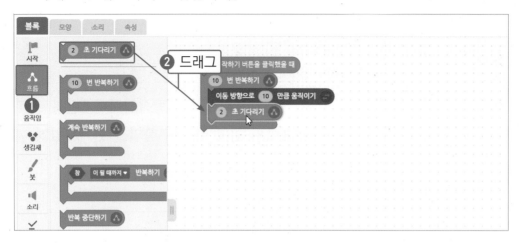

③ ⌇10 번 반복하기 ⚘⌇의 반복 값 '10'을 '3'으로 수정합니다.

④ 실행 화면에서 ▶(시작하기) 버튼을 클릭합니다. 엔트리봇이 이동 방향으로 움직였다가 멈췄다가를 반복하는 것을 확인합니다.

순차 프로그래밍과 반복 프로그래밍 코드 비교

순차 프로그래밍은 명령어가 길고 복잡하지만, 반복 프로그래밍은 중복을 제거하고 프로그래밍을 단순화하여 쉽고 빠르게 작업할 수 있어서 작업의 효율성을 높여 줍니다.

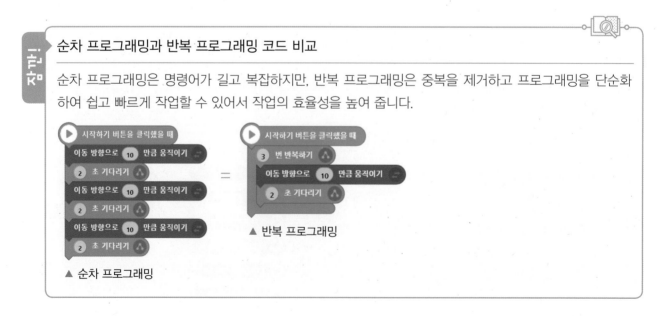

▲ 순차 프로그래밍   ▲ 반복 프로그래밍

코딩할 실행 장면 계획 세우기

| 등장인물과 배경 추가하기 | ▶ | 오브젝트 순서 변경하기 | ▶ | 배경 복제하기 | ▶ |

| 걷는 사람 모양 변경하기 | ▶ | 무한 스크롤 배경 만들기 |

처음 보는 블록 살펴보기

블록 꾸러미	블록	설명
ʌ (흐름)	계속 반복하기 ʌ	감싸고 있는 블록들을 계속해서 반복 실행합니다.
	만일 참 이라면 ʌ	만일 판단이 '참'이라면, 감싸고 있는 블록들을 실행합니다.
⇄ (움직임)	x: 10 위치로 이동하기 ⇄	오브젝트가 입력한 X 좌표로 이동합니다(실행 화면의 중심점(원점)이 기준이 됩니다.).
	x좌표를 10 만큼 바꾸기 ⇄	오브젝트의 X 좌표를 입력한 값만큼 바꿉니다(오브젝트의 중심점이 기준이 됩니다.).
✓ (판단)	10 ≥ 10	입력한 두 값을 비교하여 왼쪽에 위치한 값이 오른쪽에 위치한 값보다 크거나 같은 경우 '참'으로 판단합니다.
⊞ (계산)	바다 ▼ 의 x좌푯값 ▼	선택한 오브젝트의 각종 정보 값입니다(X 좌표, Y 좌표, 방향, 이동 방향, 크기, 모양 번호, 모양 이름).
✱ (생김새)	다음 ▼ 모양으로 바꾸기 ✿	오브젝트의 모양을 '이전' 또는 '다음'으로 바꿉니다.

꿀팁! 이동 방향으로 10 만큼 움직이기 와 x좌표를 10 만큼 바꾸기 두 블록 모두 입력한 값만큼 오브젝트를 이동하는 명령 블록입니다. 그러나, 이동 방향으로 10 만큼 움직이기 는 오브젝트의 이동 방향 화살표가 가리키는 방향으로 움직이고, x좌표를 10 만큼 바꾸기 는 이동 방향 화살표의 방향과 상관없이 입력된 값이 양수인지 음수인지에 따라 방향이 결정됩니다.

01 '엔트리( )'를 실행하면 새 작품이 시작됩니다. 오브젝트 목록에서 '엔트리봇'의 ☒(삭제) 버튼을 클릭하여 '엔트리봇' 오브젝트를 삭제합니다.

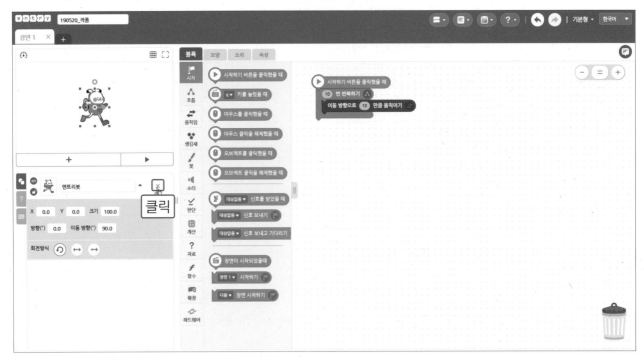

02 오브젝트를 추가하기 위해 ➕(오브젝트 추가하기) 버튼을 클릭합니다.

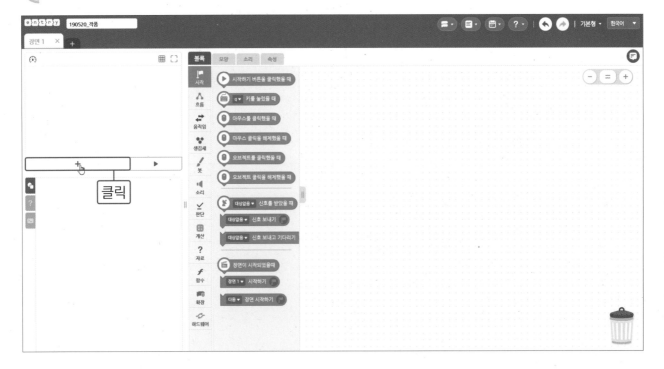

03 [오브젝트 추가하기]에서 검색어 입력란에 '사람'이라고 입력하여 검색한 후, 검색된 사람 중 '걷고있는 사람(1)' 오브젝트를 선택합니다.

04 같은 방법으로 '바다'를 입력해 '바다' 오브젝트를 찾은 후 [추가하기] 버튼을 클릭합니다.

05 '바다' 오브젝트를 하나 더 복제하기 위해 오브젝트 목록의 '바다' 오브젝트를 마우스 오른쪽 버튼으로 클릭한 후 [복제]를 선택합니다.

06 오브젝트 목록에 오브젝트가 추가(바다1)됩니다.

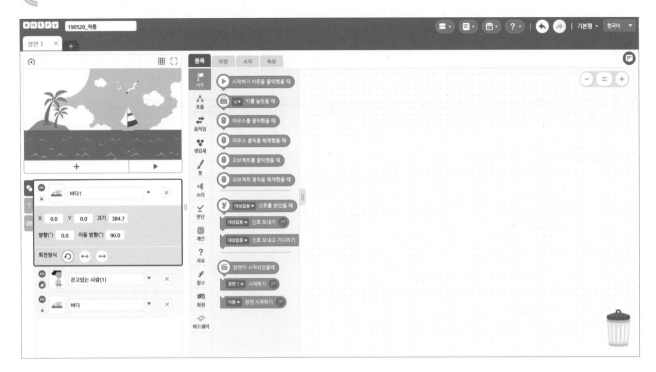

07 '바다1' 오브젝트에 가려져 '걷고있는 사람(1)' 오브젝트가 보이지 않으므로 '걷고있는 사람(1)' 오브젝트의 섬네일을 드래그하여 '바다1' 오브젝트 위로 옮겨 오브젝트의 순서를 변경합니다.

01 '걷고있는 사람(1)' 오브젝트를 선택한 후, [블록] 탭의 ▣(시작) 블록 꾸러미에서 ▶ 시작하기 버튼을 클릭했을 때 를 블록 조립소의 빈 곳으로 드래그하여 삽입합니다.

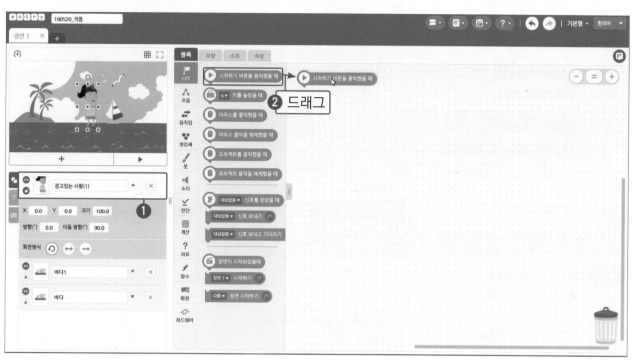

꼭 알아두어야 할 블록 규칙

- 블록 색깔로 어느 꾸러미에 있는 블록인지 알 수 있습니다.
- 코드를 시작하는 이벤트 블록은 다른 블록에 끼울 수 없습니다.

  ▶ 시작하기 버튼을 클릭했을 때

- 모서리가 둥근 블록은 어떤 값(숫자나 문자열)이 들어 있습니다. 블록 안의 동그란 홈에 끼워 넣을 수 있습니다.

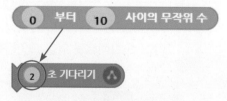

- 육각형 블록은 조건 블록을 판단할 수 있는 '참' 부분에 끼워 넣을 수 있습니다. 블록에 ▼가 있는 경우 선택할 수 있는 옵션이 있다는 뜻입니다.

02 (흐름) 블록 꾸러미에서 `계속 반복하기`를 블록 조립소의 `▶ 시작하기 버튼을 클릭했을 때` 아래로 드래그하여 조립합니다.

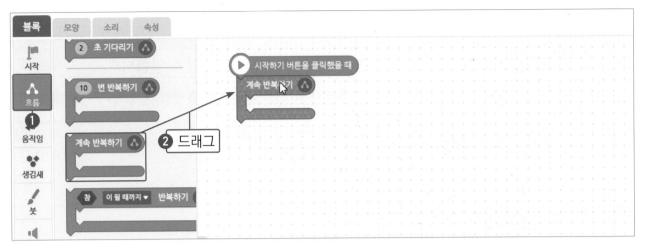

03 (흐름) 블록 꾸러미에서 `2 초 기다리기`를 블록 조립소의 `계속 반복하기` 안으로 드래그 하여 조립한 후 '2'초를 '0.2'초로 변경합니다.

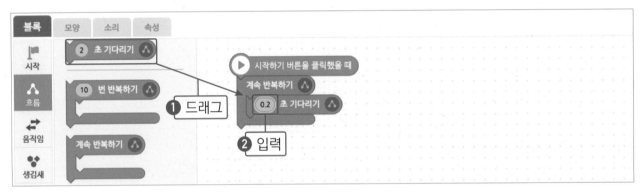

04 '걷고있는 사람(1)' 오브젝트의 현재 모양과 다음 모양을 번갈아 반복하여 걷는 것처럼 보이기 위해 (생김새) 블록 꾸러미에서 `다음▼ 모양으로 바꾸기`를 블록 조립소의 `0.2 초 기다리기` 아래로 드래그하여 조립합니다.

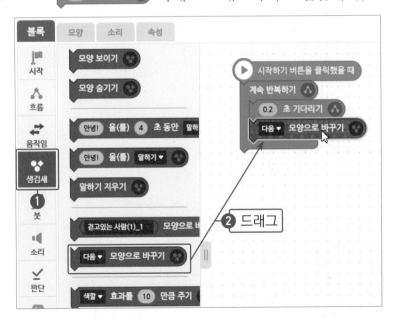

[모양] 탭을 클릭하면 '걷고있는 사람(1)' 오브젝트의 다음 모양들을 확인할 수 있습니다.

05 실행 화면에서 ▶(시작하기) 버튼을 클릭하여 사람이 제자리에서 걷고 있는 것을 확인한 후 ■(정지하기) 버튼을 클릭해 재생을 중지합니다.

Step 03 배경 움직이기

01 '바다' 오브젝트를 선택한 후, 🚩(시작) 블록 꾸러미에서 ▶ 시작하기 버튼을 클릭했을 때 를 블록 조립소의 빈 곳으로 드래그합니다. ∧(흐름) 블록 꾸러미에서 계속 반복하기 ∧ 를 블록 조립소로 드래그하여 조립합니다.

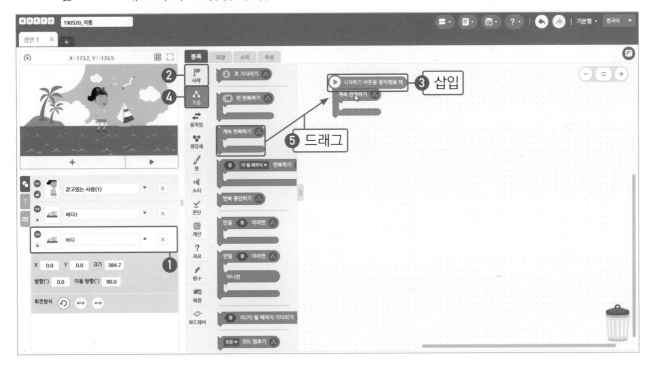

02 ⬌(움직임) 블록 꾸러미에서 ╱x좌표를 ⑩ 만큼 바꾸기╲를 블록 조립소의 ╱계속 반복하기 ⌁╲ 안으로 드래그하여 조립한 후, '10'을 '−2'로 변경하여 배경이 왼쪽으로 움직이도록 합니다.

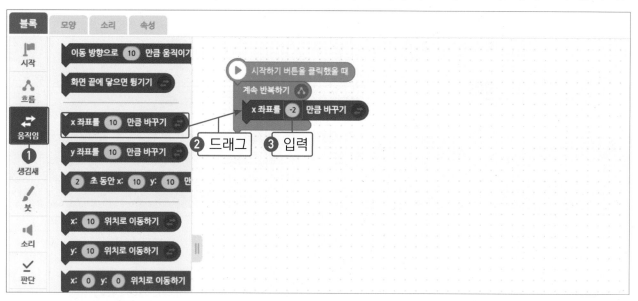

╱x좌표를 ⑩ 만큼 바꾸기╲의 수치를 양수로 하면 배경이 오른쪽으로 움직여서 앞으로 사람이 나아가는 것처럼 보이지 않으므로 수치를 음수로 하여 배경이 왼쪽으로 움직이게 하여 사람이 앞으로 나아가는 것처럼 보이게 설정합니다.

좌표 설정하기

실행 화면에서의 오브젝트 움직임을 위나 아래로 이동하려면 Y 좌표의 값을 변경해야 하고, 왼쪽이나 오른쪽 이동하려면 X 좌표의 값을 변경해야 합니다. Y 좌표의 경우 위쪽은 양수로, 아래쪽은 음수로 입력합니다. X 좌표의 경우 왼쪽은 음수로, 오른쪽은 양수로 입력합니다.

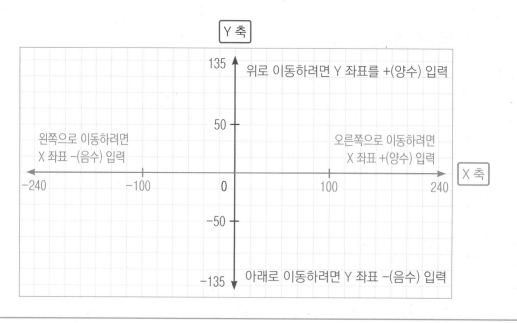

03 '바다1' 오브젝트 아래에 '바다' 오브젝트가 있기 때문에 '바다1' 오브젝트의 👁 아이콘을 클릭하여 실행 화면에 표시되지 않도록 숨깁니다.

04 실행 화면에서 ▶(시작하기) 버튼을 클릭하여 배경이 왼쪽으로 이동하는지 확인합니다. '바다' 오브젝트 이동이 끝나면 흰색 배경이 보입니다. ■(정지하기) 버튼을 클릭해 재생을 중지합니다.

05 '바다1' 오브젝트의 👁 아이콘을 클릭하여 실행 화면에 표시되도록 합니다.

06 '바다' 오브젝트를 선택한 후, 블록 조립소의 ▶ 시작하기 버튼을 클릭했을 때 를 마우스 오른쪽 버튼으로 클릭하고 [코드 복사]를 선택합니다.

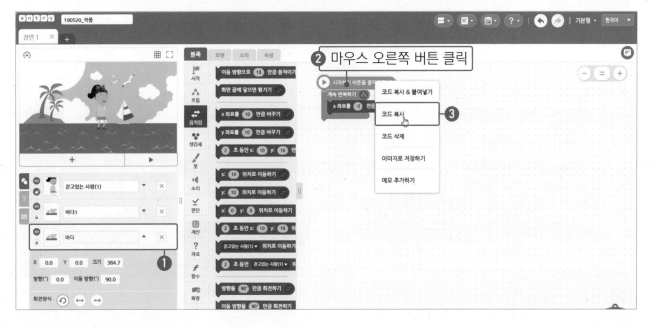

07 '바다1' 오브젝트를 선택한 후, 블록 조립소의 빈 곳을 마우스 오른쪽 버튼으로 클릭하고 [붙여넣기]를 선택합니다.

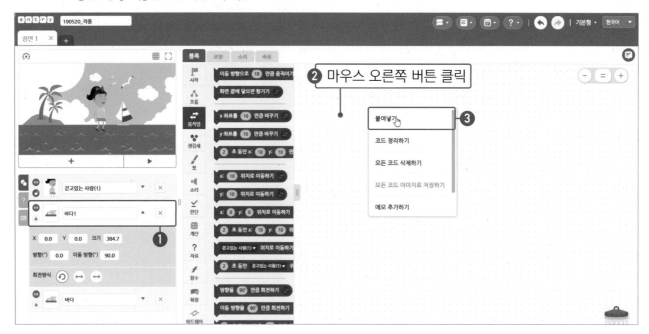

08 '바다1' 오브젝트의 위치를 '바다' 오브젝트 다음으로 옮기기 위해 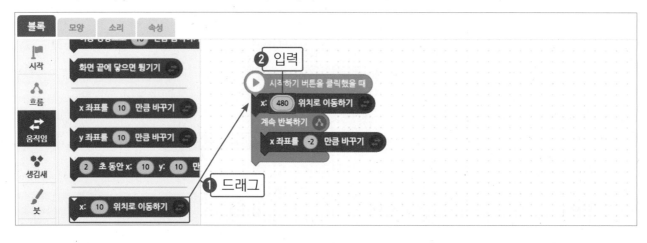(움직임) 블록 꾸러미에서 `x: 10 위치로 이동하기` 를 블록 조립소의 `시작하기 버튼을 클릭했을 때` 아래로 드래그하여 조립한 후, '10'을 '480'으로 변경합니다.

09 실행 화면에서 ▶(시작하기) 버튼을 클릭하면 사람 뒤로 두 배경이 이어져서 지나갑니다. 그러나, 이어진 두 번째 배경('바다1' 오브젝트)이 지나가면 다시 흰색 배경이 보입니다. ■(정지하기) 버튼을 클릭해 재생을 중지합니다.

배경이 지나가는 원리

1 단일 배경이 이동되는 경우

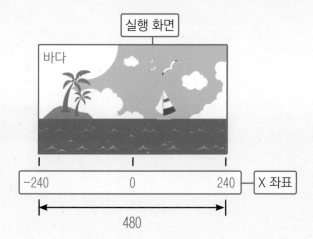

단일 배경 이미지의 왼쪽과 오른쪽은 빈 화면(흰색 배경)입니다. 그렇기 때문에 다음과 같이 '바다' 오브젝트를 배경 이동 방향으로 이동하면 실행 화면에는 흰색 배경이 보이게 됩니다.

2 배경 이어주기

실행 화면의 폭(너비)이 480이므로, '바다' 오브젝트의 중앙 기준점의 X 좌표를 '480'으로 설정하면 '바다' 오브젝트의 다음에 이어서 배치할 수 있습니다.

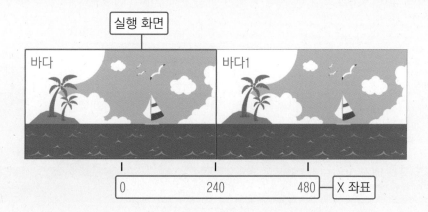

그런 다음, '바다' 오브젝트를 배경 이동 방향으로 이동하게 되면 '바다' 오브젝트가 실행 화면을 벗어나도 이어서 '바다1' 오브젝트가 보이게 됩니다.

그러나, '바다1' 오브젝트도 계속해서 배경 이동 방향으로 이동하여 실행 화면을 벗어나면 다시 흰색 배경이 보이게 됩니다.

배경 이미지가 아무리 길어도 왼쪽과 오른쪽 끝에는 빈 화면이 존재하기 때문에 배경 이미지가 실행 화면을 벗어나는 순간 흰색 배경이 표시될 수밖에 없습니다.

3 무한 스크롤

배경이 계속 나오도록 하려면 '바다' 오브젝트가 실행 화면을 완전히 벗어나면 X 좌표를 옮겨주고, 이어서 '바다1' 오브젝트가 실행 화면을 완전히 벗어나면 X 좌표를 옮겨주기를 반복해야 합니다.

즉, '바다' 오브젝트가 완전히 실행 화면에서 벗어나게 되면 '바다'의 중앙 기준점의 위치는 'X:-480'이 되므로, X 좌표의 값이 - 480 보다 더 지나게 되면 바로 원래 '바다1'이 있던 자리인 'X:480'의 위치로 옮겨주면 됩니다.

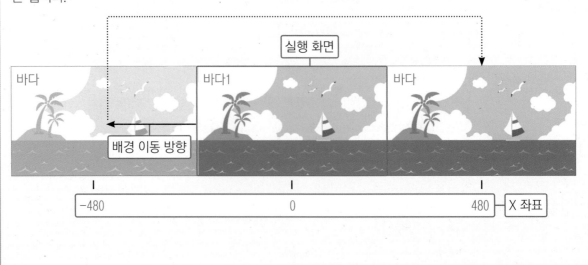

01 '바다' 오브젝트를 선택한 후 ⚡(흐름) 블록 꾸러미에서 `만일 참 이라면 ⌃` 을 블록 조립소의 `x 좌표를 -2 만큼 바꾸기` 아래로 드래그하여 조립합니다.

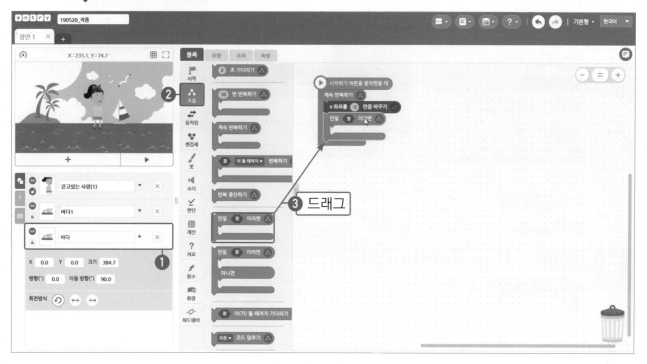

02 ⚡(판단) 블록 꾸러미에서 `10 ≥ 10` 를 드래그하여 블록 조립소의 `만일 참 이라면 ⌃` 의 '참' 부분에 끼워 넣은 후, 앞쪽 '10'을 '-480'으로 변경합니다.

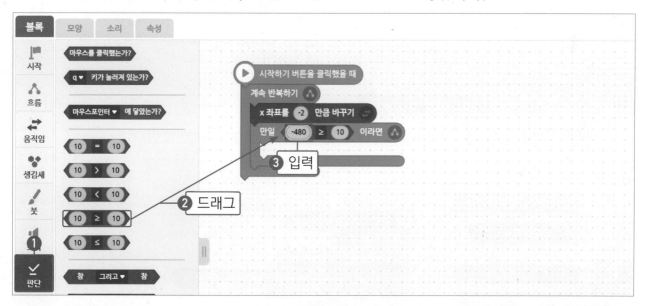

조건 블록에서 '참' 부분에 조건을 나타내는 코드가 들어가고, 조건이 맞았을 때 감싸진 안쪽 부분의 코드가 실행됩니다. '참' 부분에 들어갈 블록은 ⚡(판단) 블록 꾸러미의 블록들을 가지고 만들 수 있습니다. 조건 프로그래밍에 관한 좀 더 자세한 사항은 4장을 참조합니다.

03 '바다' 오브젝트의 X 좌표가 '−480' 보다 작거나 같은지 비교하기 위해 ⊞(계산) 블록 꾸러미에서 `걷고있는 사람(1) ▼ 의 x좌푯값 ▼`을 드래그하여 블록 조립소의 `만일 -480 ≥ 10 이라면` 의 뒤쪽 '10'에 끼워 넣은 후 '걷고있는 사람(1)'을 '바다'로 설정합니다.

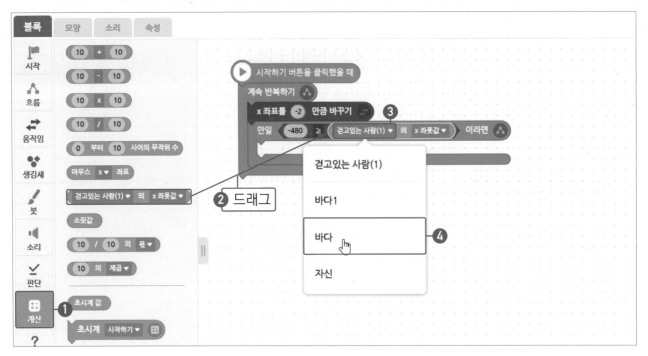

비교 연산자

- = : 왼쪽에 위치한 값과 오른쪽에 위치한 값이 같은 경우 '참'으로 판단합니다.
- 〉: 왼쪽에 위치한 값이 오른쪽에 위치한 값보다 큰 경우 '참'으로 판단합니다.
- 〈: 왼쪽에 위치한 값이 오른쪽에 위치한 값보다 작은 경우 '참'으로 판단합니다.
- ≥ : 왼쪽에 위치한 값이 오른쪽에 위치한 값보다 크거나 같은 경우 '참'으로 판단합니다.
- ≤ : 왼쪽에 위치한 값이 오른쪽에 위치한 값보다 작거나 같은 경우 '참'으로 판단합니다.

04 블록 조립소의 `만일 -480 ≥ 바다 ▼ 의 x좌푯값 ▼ 이라면` 안에 ⇄(움직임) 블록 꾸러미의 `x: 10 위치로 이동하기`를 드래그하여 조립한 후, '10'을 '480'으로 변경합니다.

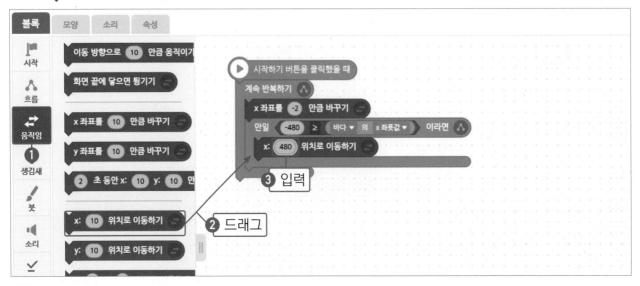

05 '바다1' 오브젝트를 선택한 후, **01~04**와 같은 방법으로 블록을 조립합니다. 단, 걷고있는 사람(1) ▼ 의 x 좌푯값 ▼ 의 '걷고있는 사람(1)'은 '바다1'로 설정합니다.

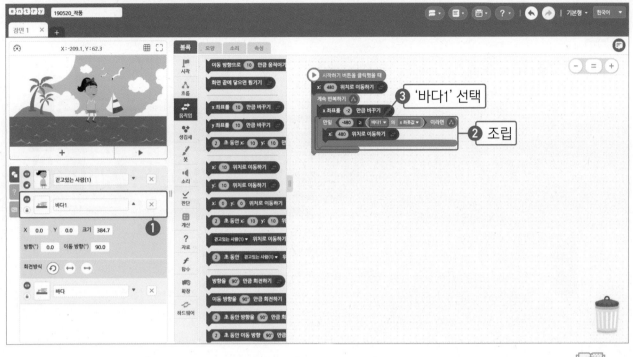

또 다른 방법

'바다' 오브젝트의 코드 중 만일 -480 ≥ 바다 ▼ 의 x좌푯값 ▼ 이라면 을 복사하여 '바다1' 오브젝트에 붙여 넣은 후, x좌표를 -2 만큼 바꾸기 아래에 조립하고 바다 ▼ 의 x 좌푯값 ▼ 의 '바다'를 '바다1'로 설정해도 됩니다.

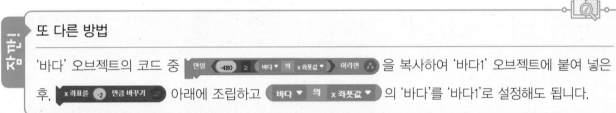

06 실행 화면에서 ▶(시작하기) 버튼을 클릭하여 흰색 배경 없이 바다 배경이 계속해서 지나가는 것을 확인합니다.

07 작품 이름을 '물위를걷는사람'으로 변경한 후, 오른쪽 상단 메뉴 중 [저장하기(🖫▼)]- [저장하기]를 클릭하여 저장합니다.

1 다음 순서대로 오브젝트를 추가해 봅니다.

> • 오브젝트 추가 : 도시(1), 도시(2), 흰 자동차

> **약속해요**
>
> • '도시(1)'과 '도시(2)' 오브젝트는 겹쳐져 있어서 작업 중인 실행 화면에는 오브젝트 목록의 위쪽에 위치한 '도시(2)' 오브젝트만 표시됩니다.
> • '흰 자동차' 오브젝트의 위치는 배경 화면을 보고 도로 위치에 바퀴가 닿도록 조정합니다.

2 실행 화면을 재생하면 '도시(1)'과 '도시(2)'의 배경이 무한 반복하여 자동차가 주행하는 것처럼 보이게 코딩해 봅니다.

> • 도시(1) : '10'만큼 배경이 왼쪽으로 이동함
> • 도시(2) : '도시(1)' 오브젝트 뒤에 나타나며, '10'만큼 배경이 왼쪽으로 이동함

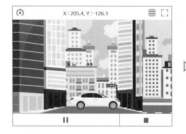 ▷ 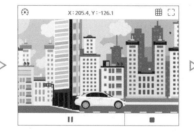 ▷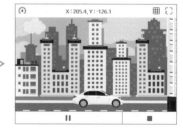

3 문제 [1]~[2]에 만든 작품을 '자동차주행'이라는 이름으로 저장해 봅니다.

드론 배달부

학습 포인트

- 조건 프로그래밍의 이해
- 조건 블록
- 판단 블록
- 방향키를 활용한 제어
- 오브젝트 회전
- 글상자 추가
- 글상자 도구 모음
- 코드 복사 & 붙여넣기

 ◉ 완성파일 : 배달부.ent

이번 장에서는 방향키로 드론의 움직임을 제어할 수 있도록 하는 코딩을 통해 조건 프로그래밍 방법을 공부해 봅니다. 더불어 글상자 오브젝트를 추가하여 설명글을 표시하고, [글상자] 블록 꾸러미를 사용하는 방법까지 알아보겠습니다.

(게임 방법)
방향키를 사용하여 드론을 움직여서 선물을 아이에게 배달하세요.

◉ 완성파일 : 배달부.ent

조건이란 주어진 조건에 따라 '참' 또는 '거짓'을 판단하여 결과에 따라 다른 명령을 실행하는 방법입니다.

조건에 따라 단순 조건과 이중 조건이 있습니다. 단순 조건은 하나의 조건만 만족하면 명령을 실행할 수 있지만, 이중 조건은 2가지 이상의 조건이 적용되어야 합니다. 단순 조건을 중복 적용하는 등 다양한 조건 상황을 만들 수 있습니다.

코딩실습 간단한 코딩으로 '조건' 이해하기

엔트리봇에 마우스 포인터가 닿았다면 '안녕!'이라고 말하고, 닿지 않았다면 말풍선을 표시하지 않도록 만들어 봅니다.

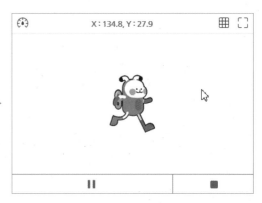

① '엔트리(▶)'를 실행합니다. 조립되어 있는 기본 코드 중 삭제할 블록 `10 번 반복하기` 를 마우스 오른쪽 버튼으로 클릭한 후, [코드 삭제]를 선택합니다.

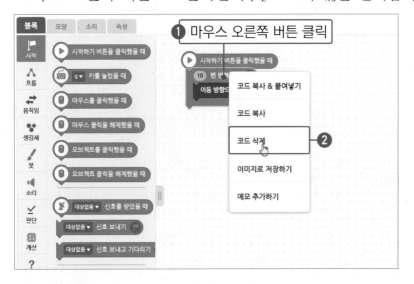

② [블록] 탭의 ᄉ(흐름) 블록 꾸러미에서 계속 반복하기 ᄉ 를 블록 조립소로 드래그하여 조립합니다.

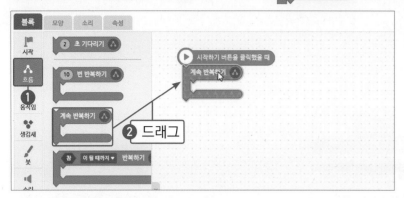

③ 만일 참 이라면 ᄉ 아니면 을 드래그하여 블록 조립소의 계속 반복하기 ᄉ 안에 조립합니다.

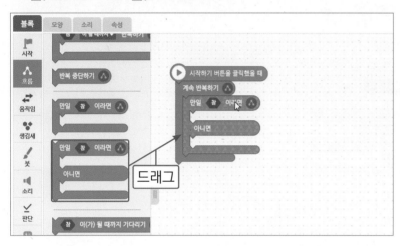

④ ⌄(판단) 블록 꾸러미에서 마우스포인터 ▼ 에 닿았는가? 를 드래그하여 만일 참 이라면 ᄉ 의 '참'에 끼워 넣습니다.

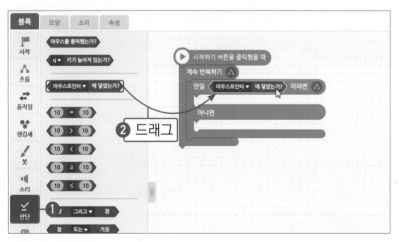

5 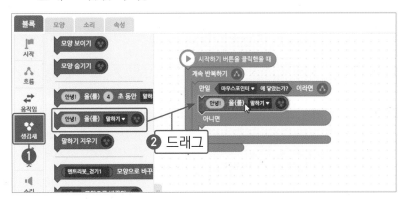 (생김새) 블록 꾸러미에서 [안녕! 을(를) 말하기 ▾] 를 드래그하여 [만일 〈마우스포인터 ▾ 에 닿았는가?〉이라면] 안에 조립합니다.

6 [말하기 지우기] 를 드래그하여 [아니면] 안에 조립합니다.

7 실행 화면에서 ▶(시작하기) 버튼을 클릭한 후, 엔트리봇이 있는 곳으로 마우스 포인터를 이동해 확인합니다.

•••• ─
Step 02 **코딩할 실행 장면 계획 세우기**

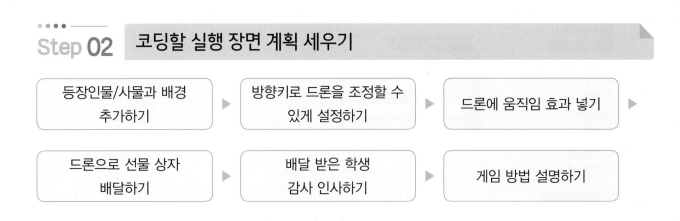

| 등장인물/사물과 배경 추가하기 | ▷ | 방향키로 드론을 조정할 수 있게 설정하기 | ▷ | 드론에 움직임 효과 넣기 | ▷ |

| 드론으로 선물 상자 배달하기 | ▷ | 배달 받은 학생 감사 인사하기 | ▷ | 게임 방법 설명하기 |

블록 꾸러미	블록	설명
(움직임)	방향을 90° 만큼 회전하기	오브젝트의 방향이 입력한 각도만큼 시계 방향으로 회전합니다(음수를 입력하면 시계 반대 방향으로 회전합니다.).
	마우스포인터 ♥ 위치로 이동하기	오브젝트가 선택한 항목(오브젝트 또는 마우스 포인터)의 위치로 이동합니다.
(판단)	q ▼ 키가 눌러져 있는가?	선택한 키가 눌러져 있는 경우 '참'으로 판단합니다.
	마우스포인터 ▼ 에 닿았는가?	해당 오브젝트가 선택한 항목과 닿은 경우 '참'으로 판단합니다.
(글상자)	텍스트 모두 지우기 가	글상자의 내용을 모두 지웁니다.

02 | 실력 다듬기 | 코딩하기

Step 01 ···· 오브젝트 추가하기

01 '엔트리()'를 실행하면 새 작품이 시작됩니다. 오브젝트 목록에서 엔트리봇의 ⊠(삭제) 버튼을 클릭하여 '엔트리봇' 오브젝트를 삭제한 후 ➕(오브젝트 추가하기) 버튼을 클릭합니다.

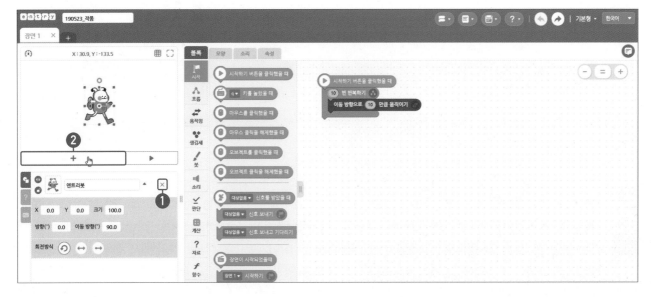

02 검색어(운동장, 학생, 드론, 선물상자)를 입력해 '운동장', '학생(4)', '드론(2)', '선물상자' 오브젝트를 찾은 후 [추가하기] 버튼을 클릭합니다.

03 오브젝트가 추가되었으면 실행 화면에서 '선물상자' 오브젝트는 왼쪽에, '드론(2)'와 '학생(4)' 오브젝트는 오른쪽에 오도록 다음처럼 각각 배치합니다.

기본적으로 일반적인 오브젝트들은 추가한 순서대로 배치되어 나중에 삽입된 오브젝트가 앞쪽에 표시됩니다. 즉, 맨 나중에 선택한 오브젝트가 오브젝트 목록의 맨 위에 위치하게 되며, 오브젝트들이 겹쳐지는 경우 화면 맨 앞에 표시됩니다. 그러나, 배경 카테고리의 이미지는 [오브젝트 추가]에서 선택한 순서와 상관없이 오브젝트 목록의 맨 아래에 위치하며, 오브젝트들의 맨 뒤에 표시됩니다.

01 '드론(2)' 오브젝트를 선택한 후 (시작) 블록 꾸러미에서 ▶ 시작하기 버튼을 클릭했을 때 를 블록 조립소의 빈 곳으로 드래그하여 삽입합니다.

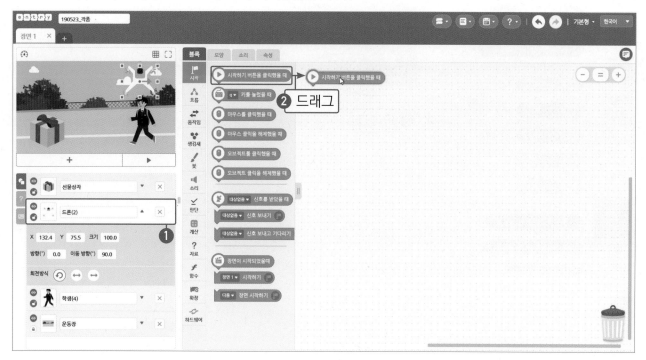

02 (흐름) 블록 꾸러미에서 계속 반복하기 를 드래그하여 조립한 후, 만일 참 이라면 을 드래그하여 계속 반복하기 안에 조립합니다.

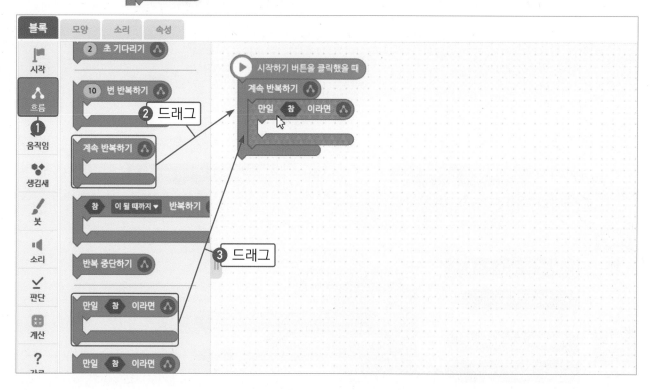

03 ☑(판단) 블록 꾸러미에서 `q ▼ 키가 눌러져 있는가?`를 드래그하여 `만일 참 이라면`의 '참'에 끼워 넣고, 'q'를 '위쪽 화살표'로 설정합니다.

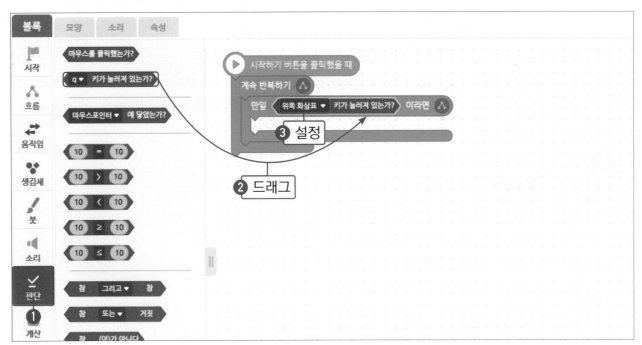

방향키뿐만 아니라 특수키(Ctrl, Alt, Shift, Tab, Esc 등) 및 숫자(0~9), 영문(소문자) 등의 키를 선택할 수도 있습니다.

04 위쪽 화살표가 눌러졌을 때 드론이 위로 움직일 수 있게 하기 위해 ⇄(움직임) 블록 꾸러미에서 `y 좌표를 10 만큼 바꾸기`를 드래그하여 `만일 위쪽 화살표 ▼ 키가 눌러져 있는가? 이라면` 안에 조립합니다. '10'은 '5'로 변경합니다.

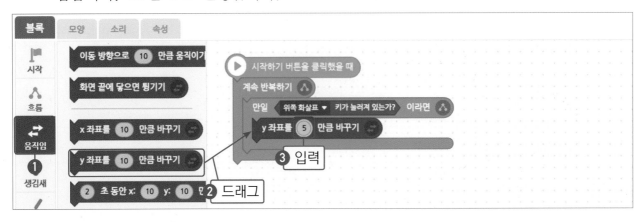

05 조립된 코드를 복제하기 위해 `만일 ◁위쪽 화살표▼▷ 키가 눌러져 있는가? 이라면 ⋀` 을 마우스 오른쪽 버튼으로 클릭한 후, [코드 복사 & 붙여넣기]를 선택합니다.

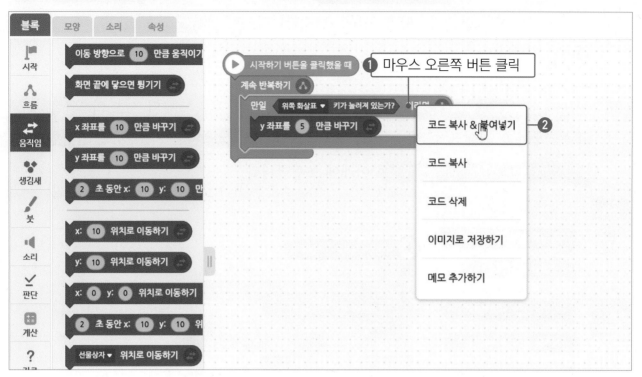

3장에서 배운 [코드 복사]와 [붙여넣기]를 활용할 수도 있지만, 같은 오브젝트 내에서는 [코드 복사 & 붙여넣기] 명령이 좀 더 효율적입니다.

06 복제된 코드의 `만일 ◁위쪽 화살표▼▷ 키가 눌러져 있는가? 이라면 ⋀` 에서는 '위쪽 화살표'를 '아래쪽 화살표'로, `y 좌표를 ⑤ 만큼 바꾸기` 에서는 '5'를 '-5'로 변경합니다. `만일 ◁아래쪽 화살표▼▷ 키가 눌러져 있는가? 이라면 ⋀` 을 드래그하여 `만일 ◁위쪽 화살표▼▷ 키가 눌러져 있는가? 이라면 ⋀` 아래에 조립합니다.

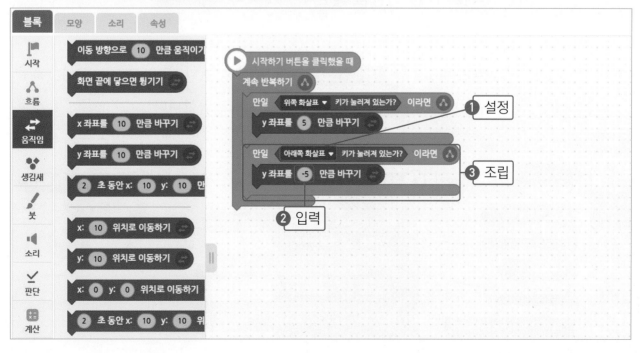

07 만일 `아래쪽 화살표 ▼ 키가 눌려져 있는가?` 이라면 ⋀ 을 복제한 후, 복제된 코드의 '아래쪽 화살표'는 '왼쪽 화살표'로 변경합니다. `y 좌표를 -5 만큼 바꾸기` 는 삭제하고, 그 자리에 `x 좌표를 10 만큼 바꾸기` 를 드래그하여 조립한 후 '10'은 '-5'로 변경합니다. 만일 `아래쪽 화살표 ▼ 키가 눌려져 있는가?` 이라면 ⋀ 아래에 조립합니다.

08 이번에는 만일 `왼쪽 화살표 ▼ 키가 눌려져 있는가?` 이라면 ⋀ 을 복제한 후, 복제된 코드의 '왼쪽 화살표'는 '오른쪽 화살표'로 변경하고, `x 좌표를 -5 만큼 바꾸기` 의 '-5'는 '5'로 변경합니다. 만일 `왼쪽 화살표 ▼ 키가 눌려져 있는가?` 이라면 ⋀ 아래에 조립합니다.

복제된 코드 수정, 조립

· · · ·
Step 03 **나는 것처럼 드론 좌우로 흔들기**

01 ⚐(시작) 블록 꾸러미에서 ▶ `시작하기 버튼을 클릭했을 때` 를 블록 조립소 빈 곳으로 드래그하고, ⋀(흐름) 블록 꾸러미에서 `계속 반복하기 ⋀` 를 드래그하여 조립합니다.

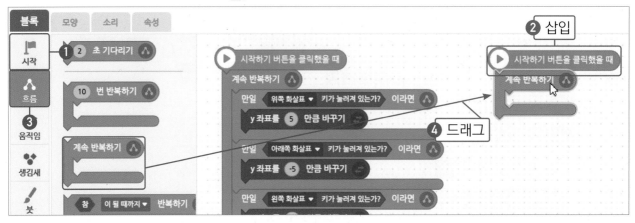

02 [10 번 반복하기]를 드래그하여 [계속 반복하기] 안에 조립합니다.

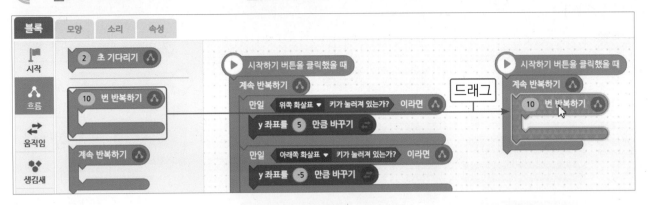

03 [움직임] (움직임) 블록 꾸러미에서 [방향을 90° 만큼 회전하기]를 드래그하여 [10 번 반복하기] 안에 조립하고, '90°'는 '1°'로 변경합니다.

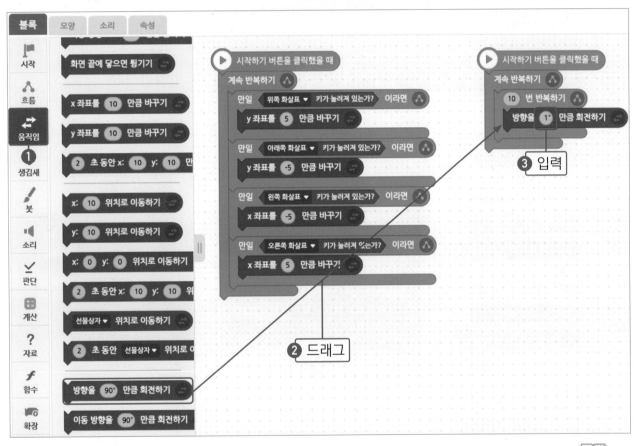

회전할 방향을 변경할 때 키패드가 나타나서 태블릿에서도 쉽게 변경하고 작업할 수 있게 되었습니다.

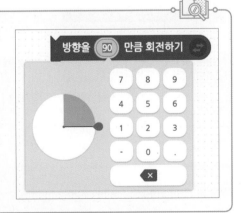

04 10 번 반복하기 를 마우스 오른쪽 버튼으로 클릭한 후 [코드 복사 & 붙여넣기]를 선택합니다.

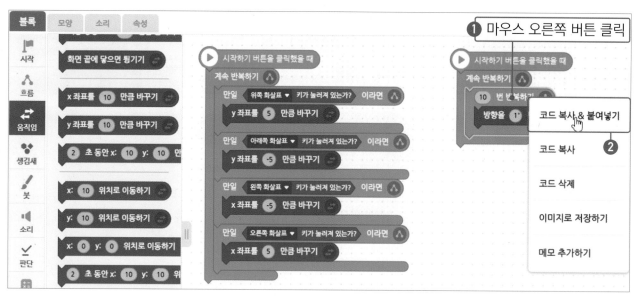

05 복제된 코드를 10 번 반복하기 아래로 조립한 후 '1°'는 '−1°'로 변경합니다.

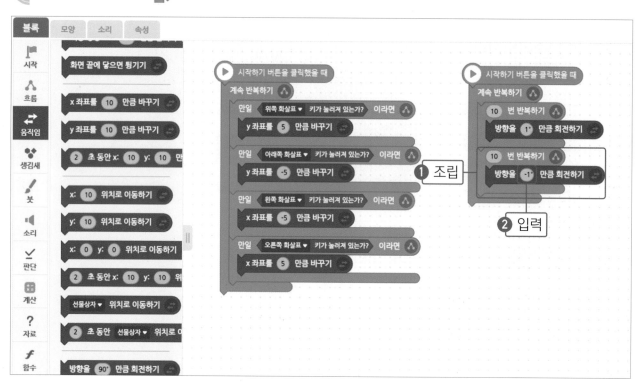

06 실행 화면에서 ▶(시작하기) 버튼을 클릭한 후, 방향키를 눌러서 드론이 잘 움직이는 지 확인합니다. ■(정지하기) 버튼을 클릭해 재생을 중지합니다.

01 '선물상자' 오브젝트를 선택한 후 (시작) 블록 꾸러미의 [시작하기 버튼을 클릭했을 때] 와 (흐름) 블록 꾸러미의 [계속 반복하기], [만일 참 이라면] 을 블록 조립소로 드래그하여 다음처럼 조립합니다.

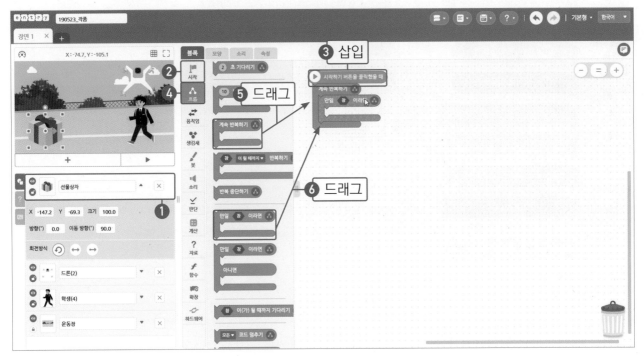

02 (판단) 블록 꾸러미에서 [마우스포인터 ▼ 에 닿았는가?] 를 드래그하여 [만일 참 이라면] 의 '참'에 끼워 넣고, '마우스포인터'를 '드론(2)'로 설정합니다.

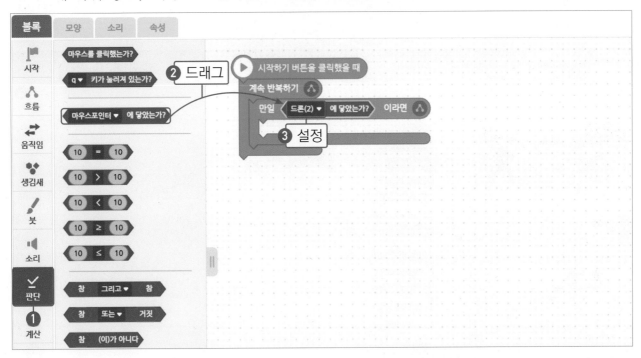

03 💱(움직임) 블록 꾸러미의 `선물상자 ▾ 위치로 이동하기 💱` 를 `만일 드론(2) ▾ 에 닿았는가? 이라면 ⋀` 안으로 드래그하여 조립한 후, '선물상자'를 '드론(2)'로 변경합니다.

Step 05   감사 인사하기

01 '학생(4)' 오브젝트를 선택한 후 🏳(시작) 블록 꾸러미의 `▶ 시작하기 버튼을 클릭했을 때` 와 ⋀ (흐름) 블록 꾸러미의 `계속 반복하기 ⋀`, `만일 참 이라면 ⋀` 을 블록 조립소로 드래그하여 다음처럼 조립합니다.

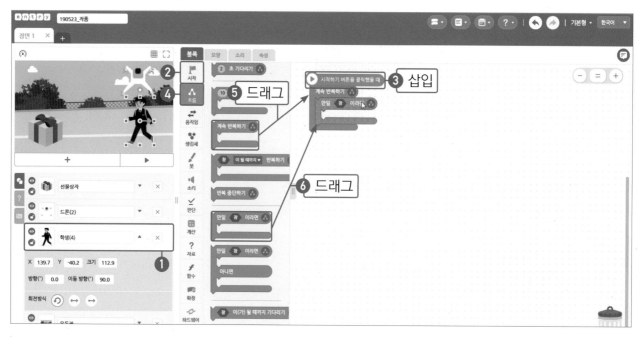

02 ✓(판단) 블록 꾸러미에서 [마우스포인터 ▼ 에 닿았는가?]를 드래그하여 [만일 참 이라면 ⚙]의 '참'에 끼워 넣고, '마우스포인터'를 '선물상자'로 설정합니다.

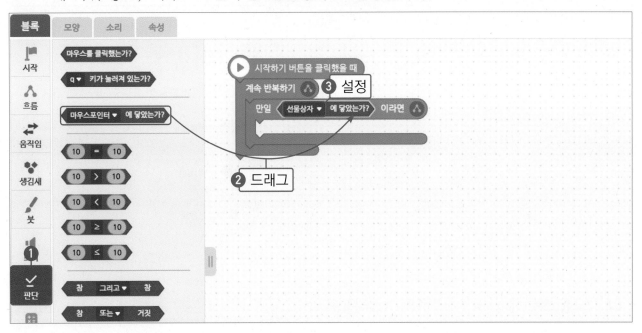

03 ❀(생김새) 블록 꾸러미에서 [안녕! 을(를) 4 초 동안 말하기 ▼ ⚙]를 [만일 선물상자 ▼ 에 닿았는가? 이라면 ⚙] 안으로 드래그하여 조립한 후 '안녕!'을 '감사합니다!'로, '4'초를 '2'초로 변경합니다.

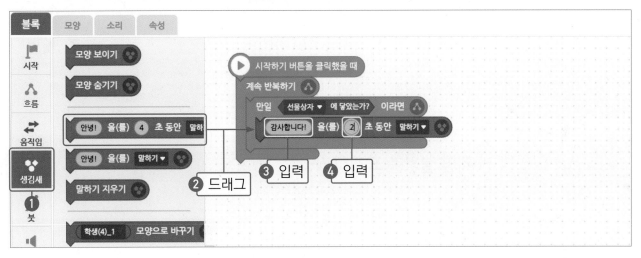

04 실행 화면에서 ▶(시작하기) 버튼을 클릭하여 실행한 후, 방향키를 눌러서 선물상자쪽으로 드론을 이동해 봅니다. 드론과 선물상자가 결합되는데, 선물상자에 가려서 드론이 보이지 않는 것을 확인할 수 있습니다. ■(정지하기) 버튼을 클릭해 재생을 중지합니다.

05 오브젝트의 순서를 변경하기 위해 오브젝 트 목록의 '드론(2)' 오브젝트의 섬네일을 드래그하여 오브젝트 목록 제일 위로 옮깁 니다.

06 실행 화면에서 ▶(시작하기) 버튼을 클릭 하여 변경된 사항을 확인한 후, ■(정지하 기) 버튼을 클릭해 재생을 중지합니다.

실행 전 게임 설명문 표시하기

01 아무런 설명이 없을 경우 드론을 어떻게 움직이는지 알 수 없기 때문에 글상자를 추가하여 게임을 설명해 보도록 하겠습니 다. ➕(오브젝트 추가하기) 버튼을 클릭합 니다.

02 [오브젝트 추가하기]에서 [글상자] 탭을 클릭한 후 [여러 줄 쓰기]를 선택하고, 입력 창에 글을 다음처럼 입력합니다. 도구 모음에서 글꼴과 글자색은 기본 옵션 그대로 두고, 가 (굵게)로 설정합니다.

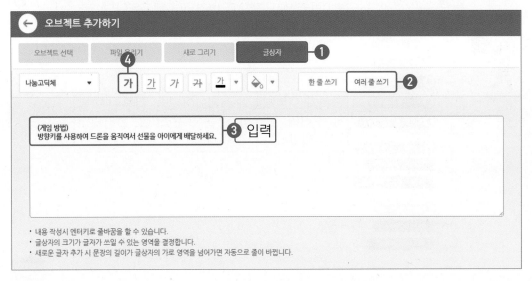

글상자 도구 모음

03 글상자 배경색을 투명하게 설정하려면 도구 모음에서 🌢▾(채우기 색상)을 클릭한 후 ▾를 클릭해 ◣(채우기 없음) 상태로 만들고 [적용하기] 버튼을 클릭합니다.

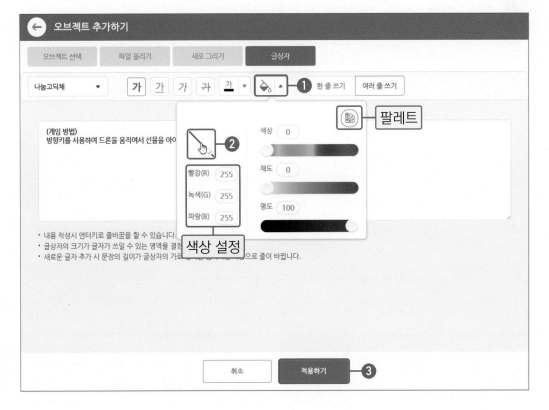

04 실행 화면에 설정한대로 글상자가 표시되었습니다.

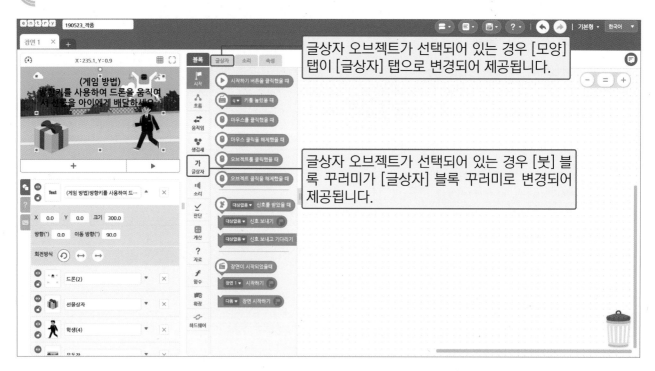

글상자 오브젝트가 선택되어 있는 경우 [모양] 탭이 [글상자] 탭으로 변경되어 제공됩니다.

글상자 오브젝트가 선택되어 있는 경우 [붓] 블록 꾸러미가 [글상자] 블록 꾸러미로 변경되어 제공됩니다.

05 정렬과 글자 크기를 수정하기 위해 [글상자] 탭을 클릭한 후 도구 모음에서 ▤(왼쪽 정렬)을 선택하고 '글자 크기'의 슬라이드 바를 왼쪽으로 드래그하여 작게 조절합니다.

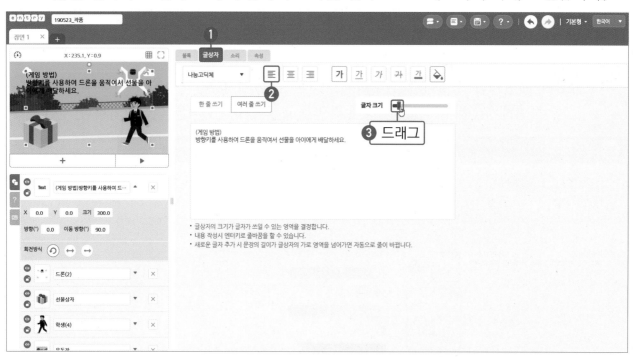

06 실행 화면의 글상자의 크기 조절점을 드래그하여 작게 조절하고, 글상자를 드래그하여 위치도 화면 상단 왼쪽에 배치합니다.

07 실행하기 전에 실행 화면에 '게임 방법' 글상자 내용이 표시되고, 실행되면 사라지게 하기 위해 [블록] 탭의 ▓(시작) 블록 꾸러미에서 ▶️ 시작하기 버튼을 클릭했을 때 를 블록 조립소의 빈 곳으로 드래그한 후 ▓(글상자) 블록 꾸러미에서 텍스트 모두 지우기 가 를 드래그하여 조립합니다.

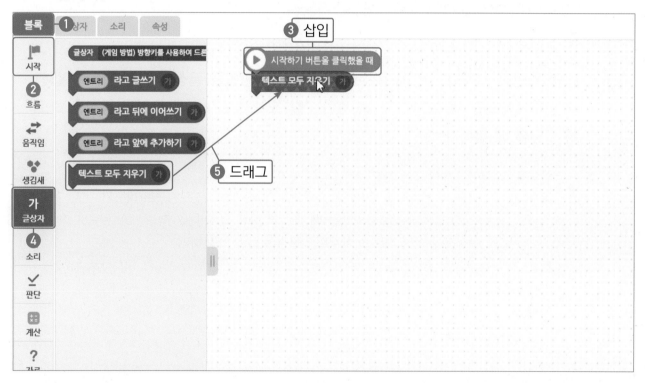

08 실행 화면에서 ▶(시작하기) 버튼을 클릭하여 글상자가 사라지는지 확인하고, 방향키를 눌러 드론이 선물을 아이에게 배달해 주는지도 확인합니다.

09 작품 이름을 '배달부'로 변경한 후, 오른쪽 상단 메뉴 중 [저장하기(💾▾)]−[저장하기]를 클릭하여 저장합니다.

1 다음 순서대로 오브젝트를 추가해 봅니다.

- 오브젝트 추가 : 협곡, 해적(2), 칼, 독수리(2), 글상자
- 글상자 입력 내용 : 독수리를 방향키로 움직여서 칼을 해적에게 갖다 주세요.

> **길잡이** '칼' 오브젝트의 방향점을 바꾸어서 칼 날이 왼쪽으로 가도록 합니다.

2 실행 화면이 시작되기 전에 독수리를 움직이는 방법을 글상자로 알려주고, 실행 화면이 시작되면 '독수리(2)'와 '해적(2)', '칼' 오브젝트가 다음과 같은 동작을 하도록 코딩을 해 봅니다.

- 글상자 : 시작하기 버튼 클릭했을 때 텍스트 모두 지우기
- 독수리(2) : ① 시작하기 버튼을 클릭했을 때 0.2초 기다린 후 다음 모양으로 바꾸기
  ② 시작하기 버튼을 클릭했을 때 위쪽(Y 좌표 3), 아래(Y 좌표 −3), 왼쪽(X 좌표 −3), 오른쪽(X 좌표 3) 화살표 키를 눌렀을 때 이동하기
- 칼 : 시작하기 버튼을 클릭했을 때 '독수리(2)' 오브젝트와 닿으면 '독수리(2)' 오브젝트 위치로 이동하기
- 해적(2) : ① 시작하기 버튼 클릭했을 때 '독수리야! 칼을 나에게 가져오너라.'고 2초 동안 말하기
  ② '칼' 오브젝트와 닿으면 '고마워!'라고 2초 동안 말하기

 ▷  ▷

3 문제 [1]~[2]에서 만든 작품을 '독수리이동'이라는 이름으로 저장해 봅니다.

전기 절약을 위한 센서등

학습 포인트

- 신호의 이해
- 회전 방식
- 신호 추가
- 신호 보내기 블록
- 신호 받기 블록

이번 장에서는 센서에 감지되면 불이 켜지고 센서에 감지되지 않았을 때는 불이 꺼지는 자동 센서 기능의 전등 만들기를 통해 신호를 보내고 받을 수 있는 신호 프로그래밍 방법을 공부해 봅니다.

◉ 완성파일 : 센서등.ent

신호(Signal)의 이해

신호 프로그래밍이란 특정 오브젝트에서 신호를 보내면 신호를 받는 오브젝트에서 명령을 실행할 때 사용합니다.

코딩실습   간단한 코딩으로 '신호' 이해하기

엔트리봇을 클릭하면 뒤집기 신호를 보내 좌우 모양을 뒤집도록 만들어 봅니다.

 ▷

① '엔트리( )'를 실행하면 기본 코드가 조립되어 있습니다. 코드를 드래그하여 휴지통으로 가져가서 삭제합니다.

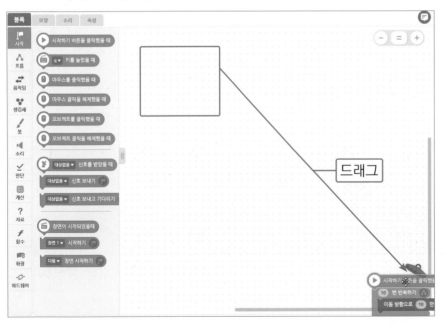

2 신호를 추가하기 위해 [속성] 탭의 [신호]를 선택합니다. [신호 추가하기] 버튼을 클릭한 후, 신호 이름을 '뒤집기'라고 입력하고 [확인] 버튼을 클릭합니다.

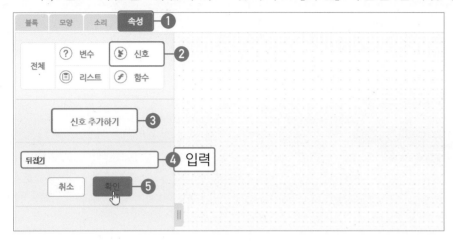

3 [블록] 탭을 클릭한 후 📁(시작) 블록 꾸러미에서 🔘오브젝트를 클릭했을 때 를 블록 조립소의 빈 곳으로 드래그하고, 신호를 보내기 위해 뒤집기▼ 신호 보내기 🏳를 드래그하여 조립합니다.

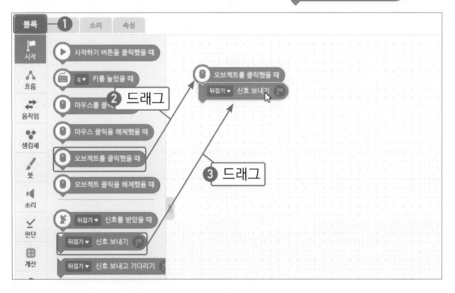

4 신호를 받기 위해 🖂 뒤집기▼ 신호를 받았을 때 를 블록 조립소 빈 곳으로 드래그합니다.

5 🐰(생김새) 블록 꾸러미에서 [좌우 모양 뒤집기 🐰] 를 (🐰 뒤집기▼ 신호를 받았을 때) 아래로 드래그하여 조립합니다.

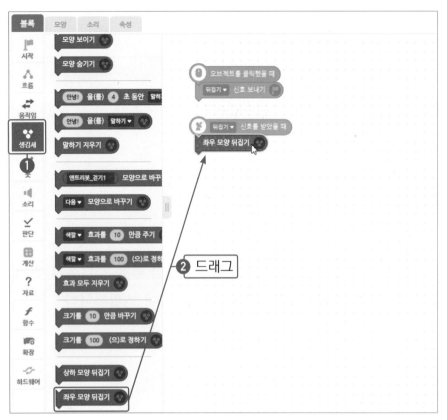

6 실행 화면에서 ▶(시작하기) 버튼을 클릭한 후, 엔트리봇을 클릭해 확인합니다.

●●●●

Step 02   코딩할 실행 장면 계획 세우기

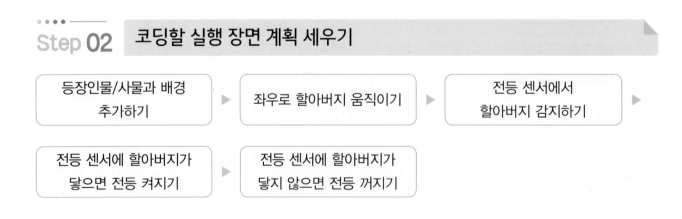

등장인물/사물과 배경 추가하기 ▷ 좌우로 할아버지 움직이기 ▷ 전등 센서에서 할아버지 감지하기 ▷

전등 센서에 할아버지가 닿으면 전등 켜지기 ▷ 전등 센서에 할아버지가 닿지 않으면 전등 꺼지기

블록 꾸러미	블록	설명
(시작)	대상없음 ▼ 신호 보내기	선택한 신호를 보냅니다.
	대상없음 ▼ 신호를 받았을 때	선택한 신호를 받으면 아래 연결된 블록들을 실행합니다.
(흐름)	만일 참 이라면 아니면	만일 판단이 '참'이라면 첫 번째 감싸고 있는 블록들을 실행하고, '거짓'이면 두 번째 감싸고 있는 블록들을 실행합니다.
(움직임)	화면 끝에 닿으면 튕기기	오브젝트가 실행 화면 끝에 닿으면 튕겨 나옵니다.

02 | 실력 다듬기 코딩하기

Step 01 오브젝트 추가하기

01 '엔트리(▶)'를 실행하면 새 작품이 시작됩니다. 오브젝트 목록에서 '엔트리봇'의 ⊠ (삭제) 버튼을 클릭하여 '엔트리봇' 오브젝트를 삭제한 후, ➕(오브젝트 추가하기) 버튼을 클릭합니다.

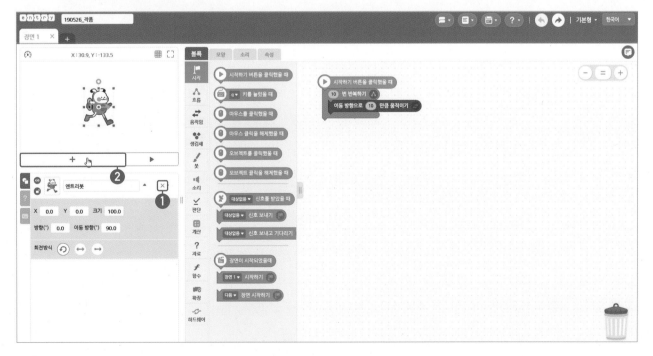

02 검색어(할아버지, 방, 센서, 전등)를 입력해 '할아버지', '초록 방', '센서', '전등(1)' 오브젝트를 찾은 후 [추가하기] 버튼을 클릭합니다.

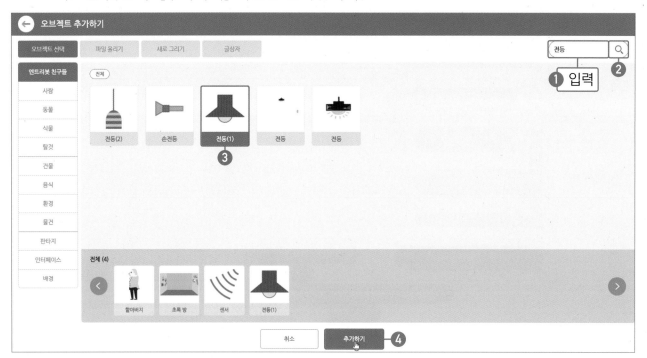

03 '전등(1)' 오브젝트는 방 위쪽으로 옮기고, '할아버지' 오브젝트는 드래그하여 오른쪽으로 옮깁니다. '센서' 오브젝트의 방향점을 왼쪽으로 드래그하여 '센서' 오브젝트가 똑바로 되도록 조정한 후, 전등에서 나오는 것처럼 보이도록 위치를 조정합니다.

01 '할아버지' 오브젝트를 선택한 후 ▣(시작) 블록 꾸러미의 ▣ 시작하기 버튼을 클릭했을 때 와 ▣(흐름) 블록 꾸러미의 계속 반복하기 ▣ 를 블록 조립소로 드래그하여 다음처럼 조립합니다.

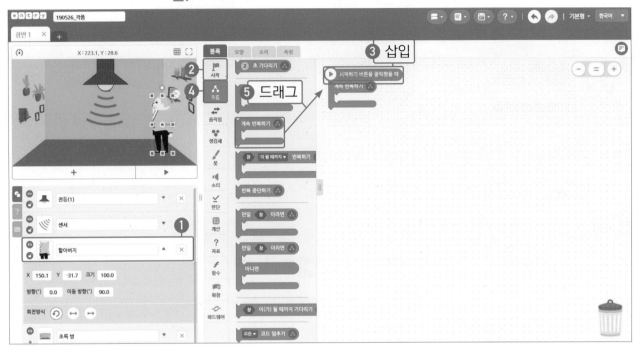

02 '할아버지' 오브젝트가 이동 방향으로 이동할 수 있게 ▣(움직임) 블록 꾸러미에서 이동 방향으로 10 만큼 움직이기 ▣ 를 드래그하여 계속 반복하기 ▣ 안에 조립한 후, '10'을 '20'으로 변경하여 속도를 높입니다.

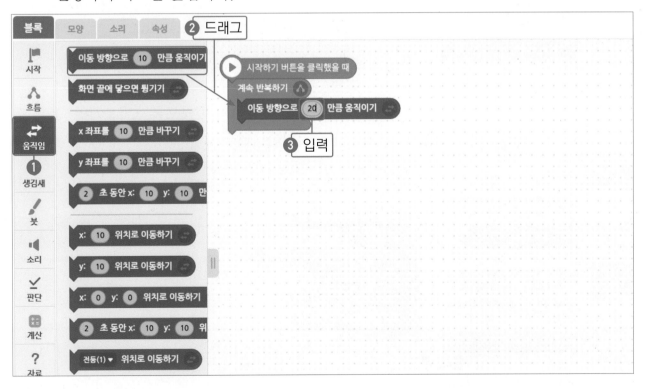

03 ⚙(흐름) 블록 꾸러미에서 🔘 2 초 기다리기 ⚙ 를 드래그하여 조립한 후, '2'를 '0.2'로 변경합니다.

04 '할아버지' 오브젝트의 동작에 변화를 주기 위해 ✨(생김새) 블록 꾸러미에서 🔘 다음 ▼ 모양으로 바꾸기 ✨ 를 드래그하여 조립합니다.

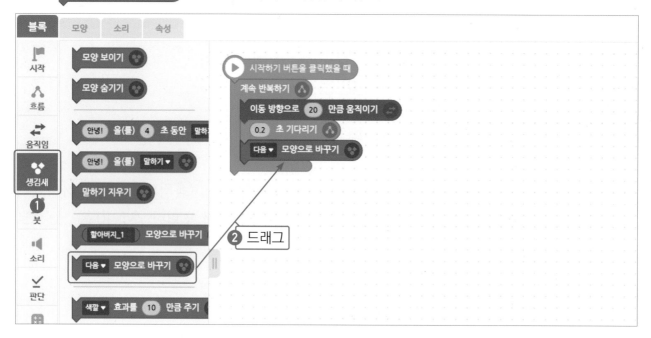

05 실행 화면 밖으로 오브젝트가 이동되어 화면에서 사라지지 않도록 ⇄(움직임) 블록 꾸러미에서 🔘 화면 끝에 닿으면 튕기기 ⇄ 를 드래그하여 조립합니다.

06 실행 화면에서 ▶(시작하기) 버튼을 클릭합니다. '할아버지' 오브젝트가 뒤로 이동하고, 화면 끝에 닿으면 거꾸로 회전하여 이동하는 것을 확인할 수 있습니다. ■(정지하기) 버튼을 클릭해 재생을 중지합니다.

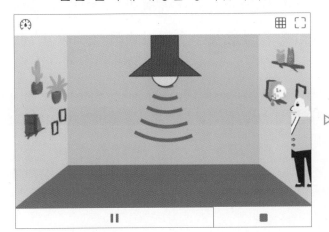 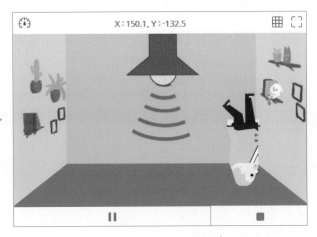

07 오브젝트 목록의 '할아버지' 오브젝트에서 [이동 방향]에 '270.0'이라고 입력하면 실행 화면에서 →(이동 방향 화살표)의 이동 방향이 할아버지 앞쪽으로 바뀝니다. 방향이 바뀐 것을 확인한 후, 좌우 방향으로 회전하도록 [회전 방식]에서 ↔를 선택합니다.

회전 방식

회전 방식	종류	설명
↻	모든 방향 회전(기본 값)	오브젝트 방향이 상하/좌우 모든 방향으로 회전합니다.
↔	좌우 방향 회전	오브젝트 방향이 좌우 방향으로만 회전합니다.
↔	회전 없음	오브젝트가 회전하지 않습니다.

01 신호 블록을 추가하려면 먼저 신호를 추가해야 합니다. [속성] 탭에서 [신호]를 선택합니다. [신호 추가하기] 버튼을 클릭한 후, 신호 이름을 '움직임감지'라고 입력하고 [확인] 버튼을 클릭합니다.

02 신호를 하나 더 추가하기 위해 [신호 추가하기] 버튼을 클릭한 후 '움직임없음'이라고 입력하고 [확인] 버튼을 클릭합니다.

03 '센서' 오브젝트를 선택한 후, [블록] 탭을 클릭합니다. ▶(시작) 블록 꾸러미의 ▶시작하기 버튼을 클릭했을 때 와 ⌃(흐름) 블록 꾸러미의 계속 반복하기 ⌃ 를 블록 조립소로 드래그하여 다음처럼 조립합니다.

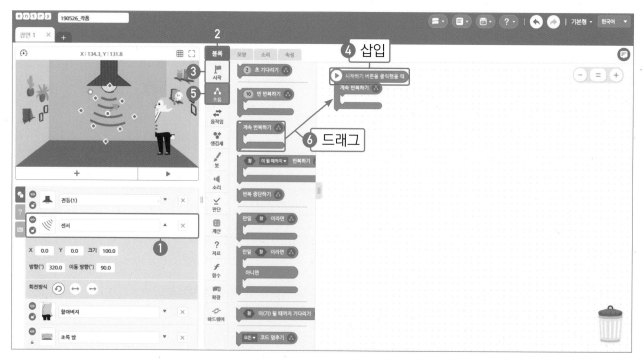

04 '할아버지' 오브젝트가 '센서' 오브젝트에 닿는 경우와 닿지 않는 경우를 조건으로 하기 위해 만일 참 이라면 아니면 을 드래그하여 계속 반복하기 안에 조립합니다.

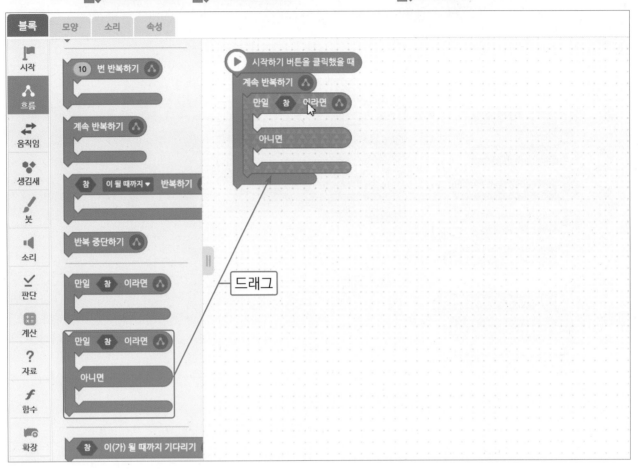

05 (판단) 블록 꾸러미에서 마우스포인터 ▼ 에 닿았는가? 를 드래그하여 만일 참 이라면 의 '참' 에 끼워 넣은 후, '마우스포인터'를 '할아버지'로 변경합니다.

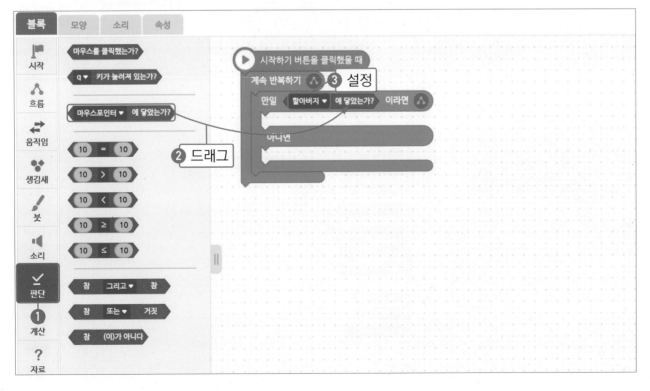

06 블록 꾸러미에서 `움직임없음 ▼ 신호 보내기` 를 `만일 할아버지 ▼ 에 닿았는가? 이라면` 안으로 드래그하여 조립한 후, '움직임없음'을 '움직임감지'로 변경합니다. `움직임없음 ▼ 신호 보내기` 를 드래그하여 `아니면` 안에 조립합니다.

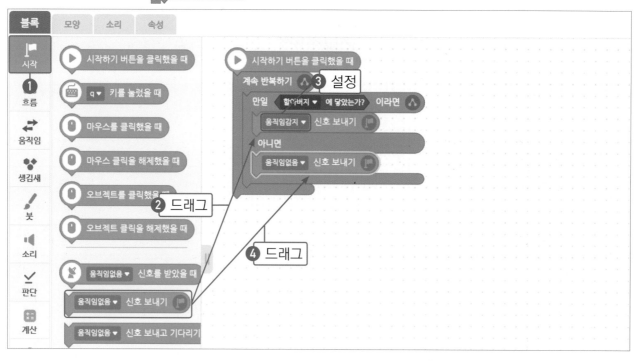

Step 04 신호 받아서 전등 켜기

01 '전등(1)' 오브젝트를 선택한 후 `움직임없음 ▼ 신호를 받았을 때` 를 블록 조립소의 빈 곳으로 드래그하고, '움직임없음'을 '움직임감지'로 변경합니다. `움직임없음 ▼ 신호를 받았을 때` 를 하나 더 블록 조립소의 빈 곳으로 가져옵니다.

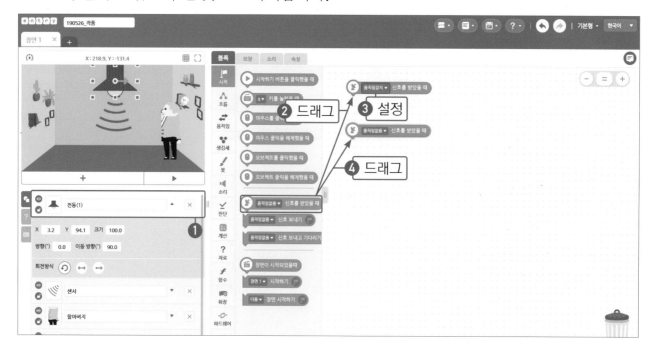

94 엔트리 기초 코딩

02 신호를 받으면 전등에 불이 들어오도록 하기 위해 (생김새) 블록 꾸러미에서 `전등(1)_꺼짐 모양으로 바꾸기`를 드래그하여 `움직임감지 ▼ 신호를 받았을 때` 아래에 조립한 후, '전등(1)_꺼짐'을 클릭하여 '전등(1)_켜짐'으로 변경합니다.

03 신호를 받으면 전등불이 꺼지도록 하기 위해 `전등(1)_꺼짐 모양으로 바꾸기`를 드래그하여 `움직임없음 ▼ 신호를 받았을 때` 아래에 조립합니다.

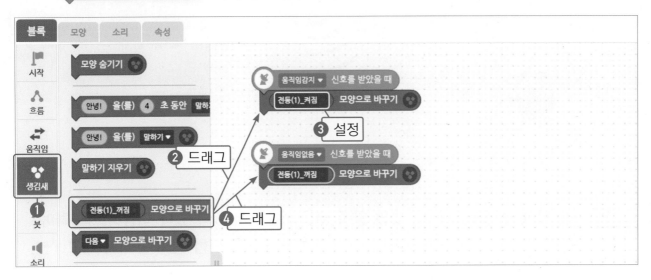

04 실행 화면에서 ▶(시작하기) 버튼을 클릭하면 '할아버지' 오브젝트가 방 안을 왔다갔다 움직이고, 센서에 닿으면 전등에서 불이 들어오고 닿지 않을 때는 불이 꺼지는 것을 확인할 수 있습니다.

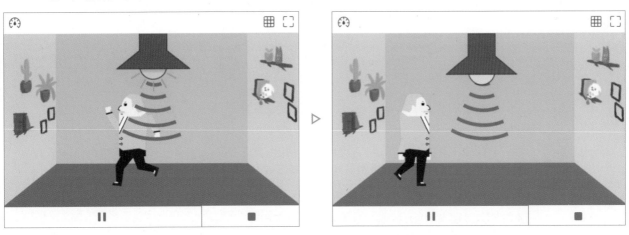

05 작품 이름을 '센서등'으로 변경한 후, 오른쪽 상단 메뉴 중 [저장하기( )]–[저장하기]를 클릭하여 저장합니다.

1 다음 순서대로 오브젝트를 추가해 봅니다.

> • 오브젝트 추가 : 움직임 감지센서, 센서

2 '엔트리봇'을 클릭했을 때 화면 양쪽 끝을 계속해서 왔다 갔다 이동하도록 하며, '엔트리봇'이 '센서'에 닿으면 '움직임 감지센서'에서 위험 경고 소리가 나고, '센서'에 닿지 않으면 소리가 나지 않게 코딩해 봅니다.

> • 신호 추가 : 소리켜기, 소리끄기
> • 소리 추가 : 위험 경고

 ▷ 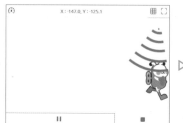 ▷

> **힌트!**
> • [소리] 탭에서 [소리 추가하기] 버튼을 클릭하여 '위험 경고' 소리를 추가해야 소리를 재생하는 블록을 조립할 수 있습니다.
> • 소리 켜기 신호를 받았을 때는 (소리) 블록 꾸러미에서 `소리 위험 경고▼ 재생하기`를, 소리 끄기 신호를 받았을 때는 `모든 소리 멈추기`를 드래그하여 조립합니다.

3 문제 [1]~[2]에 만든 작품을 '소리감지센서' 이름으로 저장해 봅니다.

바닷속 풍경

학습 포인트

- 복제의 이해
- 복제본 생성
- 복제본 생성 위치 설정
- 복제본 삭제
- 무작위 수 블록

이번 장에서는 바닷속을 헤엄치는 고래들과 해파리의 움직임을 통해 복제본의 특성과 무

작위 수의 활용 방법에 대해 공부해 보도록 하겠습니다.

◉ 완성파일 : 바닷속풍경.ent

Step 01   복제본(Clone)의 이해

복제란 똑같은 오브젝트를 만드는 방식입니다. 엔트리에서는 복제 본이 300개를 초과하면 더 이상 복제본을 만들지 않습니다. 복제본 이 많아져서 쌓이게 되면 프로그램도 느려지므로 삭제해 주는 것이 좋습니다.

코딩실습   간단한 코딩으로 '복제' 이해하기

마우스 클릭 시마다 엔트리봇이 복제되고, 복제된 엔트리봇은 오른쪽으로 이동하다가 오른 쪽 벽에 닿으면 사라지게 만들어 봅니다.

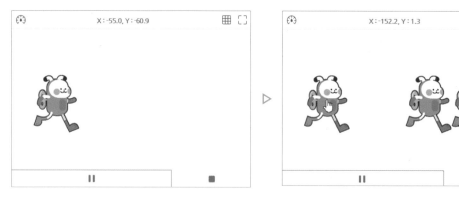

① '엔트리(⊙)'를 실행합니다. '엔트리봇' 오브젝트는 실행 화면의 왼쪽에 배치하고, 조립되 어 있는 기본 코드는 블록 조립소의 빈 곳을 마우스 오른쪽 버튼으로 클릭한 후 [모든 코 드 삭제하기]를 선택해 모두 삭제합니다.

② [블록] 탭의 🚩(시작) 블록 꾸러미에서 ⊙ 마우스를 클릭했을 때 를 블록 조립소의 빈 곳으로 드래그합니다.

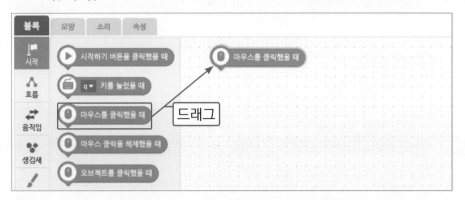

③ ⋀(흐름) 블록 꾸러미에서 자신▼ 의 복제본 만들기 ⋀ 를 ⊙ 마우스를 클릭했을 때 아래로 드래그하여 조립합니다.

④ 👤 복제본이 처음 생성되었을때 를 블록 조립소 빈 곳으로 드래그한 후, 참 이 될 때까지▼ 반복하기 ⋀ 를 그 아래로 드래그하여 조립합니다.

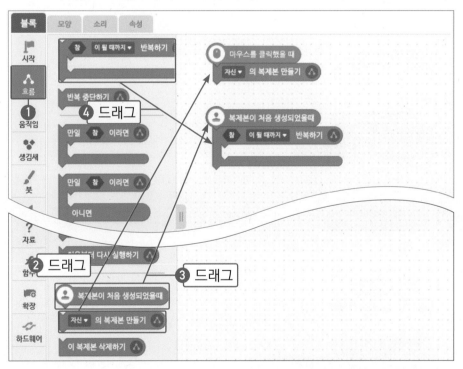

5 (판단) 블록 꾸러미에서 `마우스포인터 ▼ 에 닿았는가?` 를 드래그하여 `참 이 될 때까지 ▼ 반복하기` 의 '참'에 끼워 넣고, '마우스 포인터'를 '오른쪽 벽'으로 변경합니다.

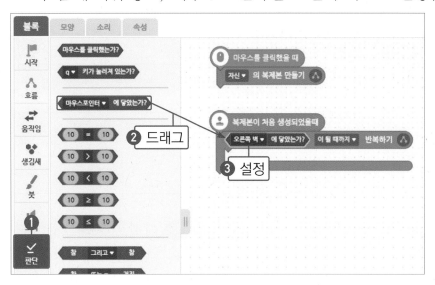

6 복제본이 이동하도록 (움직임) 블록 꾸러미에서 `이동 방향으로 10 만큼 움직이기` 를 드래그 하여 `오른쪽 벽 ▼ 에 닿았는가? 이 될 때까지 ▼ 반복하기` 안에 조립합니다.

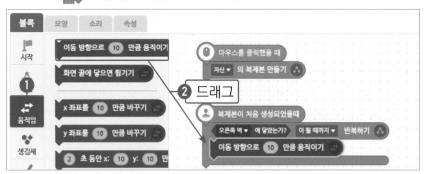

7 (흐름) 블록 꾸러미에서 `이 복제본 삭제하기` 를 드래그하여 조립합니다.

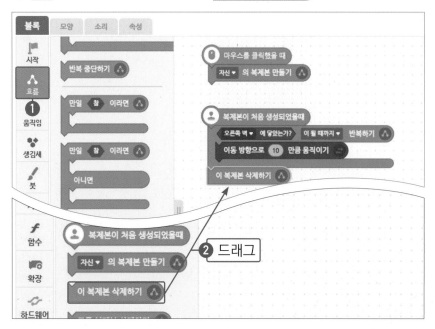

8 실행 화면에서 ▶(시작하기) 버튼을 클릭한 후, 엔트리봇을 클릭합니다. 엔트리봇이 자기를 복제하고, 원래 엔트리봇은 그 자리에 있지만 복제된 엔트리봇은 오른쪽으로 이동하다가 벽에 닿으면 사라지는 것을 확인합니다.

Step 02 코딩할 실행 장면 계획 세우기

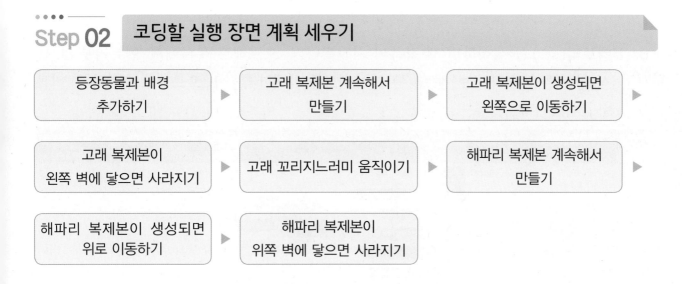

| 등장동물과 배경 추가하기 | ▶ | 고래 복제본 계속해서 만들기 | ▶ | 고래 복제본이 생성되면 왼쪽으로 이동하기 | ▶ |

| 고래 복제본이 왼쪽 벽에 닿으면 사라지기 | ▶ | 고래 꼬리지느러미 움직이기 | ▶ | 해파리 복제본 계속해서 만들기 | ▶ |

| 해파리 복제본이 생성되면 위로 이동하기 | ▶ | 해파리 복제본이 위쪽 벽에 닿으면 사라지기 |

Step 03 처음 보는 블록 살펴보기

블록 꾸러미	블록	설명
(흐름)	자신▼ 의 복제본 만들기	선택한 오브젝트의 복제본을 생성합니다.
	복제본이 처음 생성되었을때	해당 오브젝트의 복제본이 새로 생성되었을 때 아래에 연결된 블록들을 실행합니다.
	참 이 될 때까지▼ 반복하기	판단 값에 따라 블록의 반복 여부를 결정합니다. '이 될 때까지'로 설정되어 있는 경우 판단이 '참'이 될 때까지 감싸고 있는 블록들을 반복 실행하고, '인 동안'으로 설정되어 있는 경우 판단이 '참'인 동안 감싸고 있는 블록들을 반복 실행합니다.
	이 복제본 삭제하기	복제본이 처음 생성되었을때 블록과 함께 사용되며, 연결된 블록들이 실행되고 있는 복제본을 삭제합니다.
(계산)	0 부터 10 사이의 무작위 수	입력한 두 수 사이에서 선택된 무작위 수 값입니다(두 수 중 하나라도 소수를 입력한 경우 소숫점 둘째 자리의 소수 값이 선택됩니다.).
(움직임)	x: 0 y: 0 위치로 이동하기	입력한 x와 y 좌표로 오브젝트를 이동합니다(오브젝트의 중심점이 기준이 됩니다.).

•••• Step 01   오브젝트 추가하기

01 '엔트리(⊙)'를 실행하면 새 작품이 시작됩니다. 오브젝트 목록에서 '엔트리봇'의 ×
(삭제) 버튼을 클릭하여 '엔트리봇' 오브젝트를 삭제한 후, ➕(오브젝트 추가하기) 버튼
을 클릭합니다.

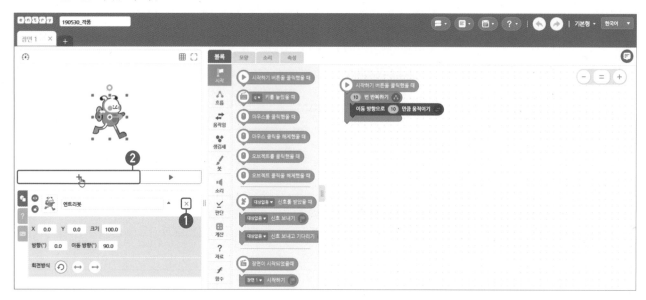

02 검색어(바닷속, 고래, 해파리)를 입력해 '바닷속(3)', '아기 고래', '긴 해파리' 오브젝트
를 찾은 후 [추가하기] 버튼을 클릭합니다.

03 '아기 고래' 오브젝트는 오른쪽에, '긴 해파리' 오브젝트는 중앙 아래쪽에 배치합니다. '아기 고래' 오브젝트의 ➡(이동 방향 화살표)는 왼쪽으로, '긴 해파리' 오브젝트의 ➡(이동 방향 화살표)는 위쪽으로 변경합니다.

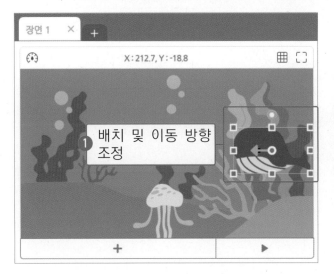 

Step 02 ┃ 자기 복제본 만들기

01 '아기 고래' 오브젝트를 선택한 후 ▣(시작) 블록 꾸러미에서 [▷ 시작하기 버튼을 클릭했을 때]를 블록 조립소의 빈 곳으로 드래그합니다. ❄(생김새) 블록 꾸러미에서 [모양 숨기기 ❄]를 드래그하여 조립합니다.

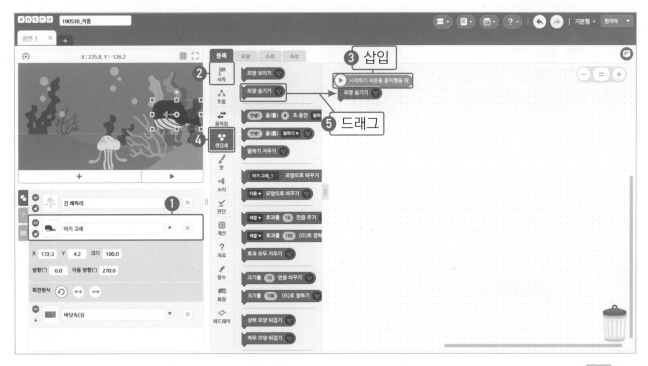

복제본이 계속 생기는 데 원본 이미지가 그 자리에 가만히 있다면 보기 좋지 않기 때문에 '아기 고래' 오브젝트의 모양을 숨기고 시작하는 것입니다.

02 2초마다 복제본을 만들기 위해 ⬡(흐름) 블록 꾸러미에서 `계속 반복하기` 를 드래그하여 조립하고, `자신▼의 복제본 만들기` 와 `2 초 기다리기` 를 드래그하여 `계속 반복하기` 안에 조립합니다.

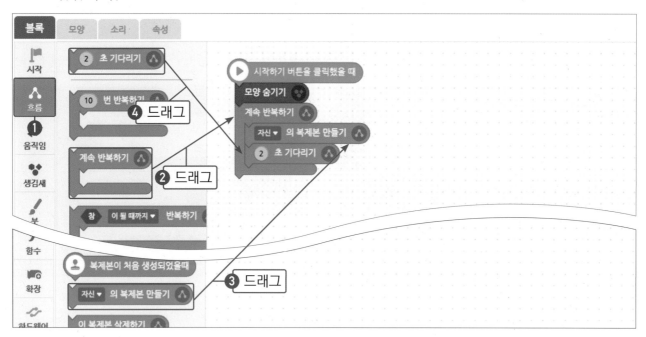

03 ▦(계산) 블록 꾸러미에서 `0 부터 10 사이의 무작위 수` 를 드래그하여 `2 초 기다리기` 의 '2'초에 끼워 넣고 '0'은 '1'로, '10'은 '3'으로 변경합니다.

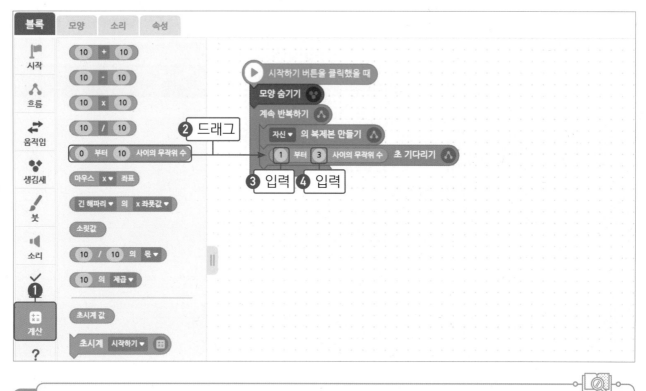

무작위 수 블록

무작위 수 블록은 정해준 범위 안에서의 숫자를 무작위(랜덤)로 적용합니다. 본문 코딩의 경우 '아기 고래' 오브젝트가 '1~3초' 간격으로 자기 복제되어 나타납니다.

01 (흐름) 블록 꾸러미에서 복제본이 처음 생성되었을때 를 드래그하여 블록 조립소의 빈 곳으로 드래그합니다.

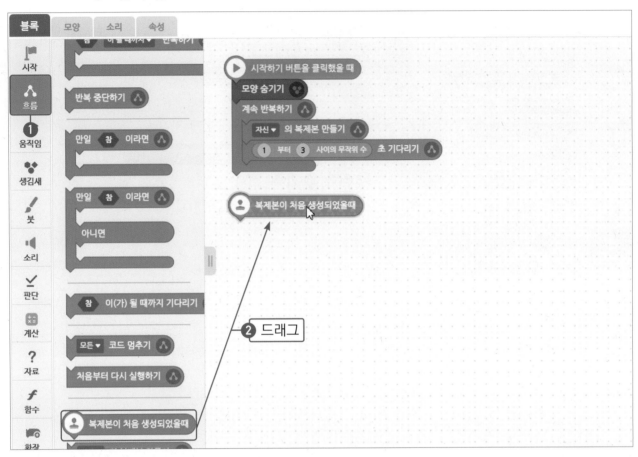

02 (움직임) 블록 꾸러미에서 x: 0 y: 0 위치로 이동하기 를 드래그하여 조립한 후 'x:'의 '0'을 '230'으로 변경하여 X축에서의 위치를 설정합니다.

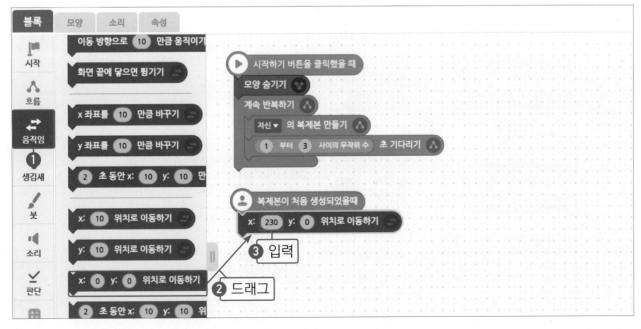

03 ▦(계산) 블록 꾸러미에서 ⬭ 0 부터 10 사이의 무작위 수 를 드래그하여 'y:'의 '0'에 끼워 넣은 후 '0'은 '–100', '10'은 '100'으로 변경하여 Y축에서의 위치를 설정합니다.

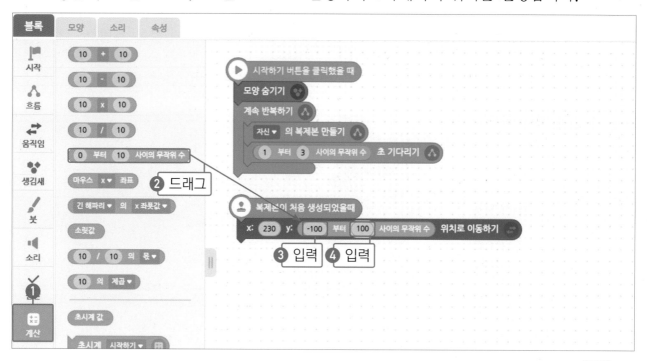

코드 설명

'아기 고래' 오브젝트의 복제본이 생성되면 오른쪽 끝에서 위아래로 무작위로 나타날 수 있게 위치를 설정합니다. 실행 화면의 좌표 오른쪽 끝의 x 좌표는 '240'이므로 아기 고래가 보일 수 있게 '230'으로 설정합니다. y 좌표 범위는 '–135~135'인데, 여기서는 '–100~100'으로 설정합니다.

04 복제본이 보일 수 있게 ❖(생김새) 블록 꾸러미에서 ◖모양 보이기 를 드래그하여 조립합니다.

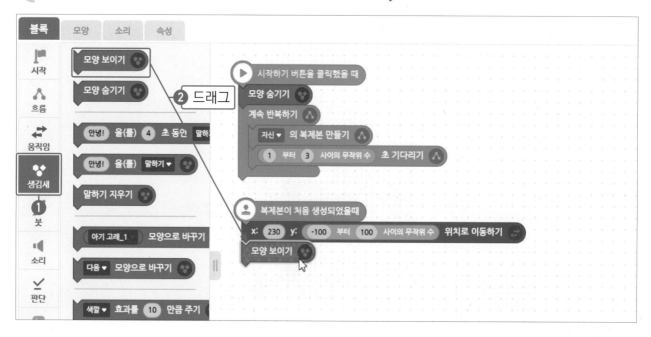

05 ▶(시작하기) 버튼을 클릭하면 오른쪽에 때로는 같은 위치에, 때로는 다른 위치에 복제본이 생성되어 쌓이는 것을 확인할 수 있습니다. ■(정지하기) 버튼을 클릭합니다.

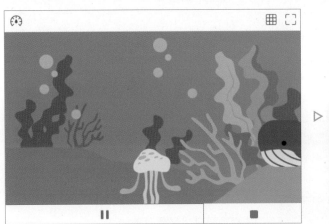 

Step 04 　왼쪽 벽까지 이동한 복제본 삭제하기

01 　흐름(흐름) 블록 꾸러미에서 [참 이 될 때까지 ▼ 반복하기] 를 드래그하여 조립합니다.

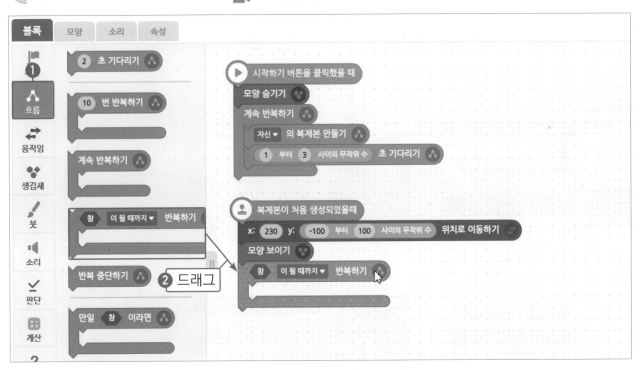

02 🔲(판단) 블록 꾸러미에서 `마우스포인터 ▼ 에 닿았는가?` 를 드래그하여 `참 이 될 때까지 ▼ 반복하기` 의 '참'에 끼워 넣고, '마우스 포인터'를 '왼쪽 벽'으로 변경합니다.

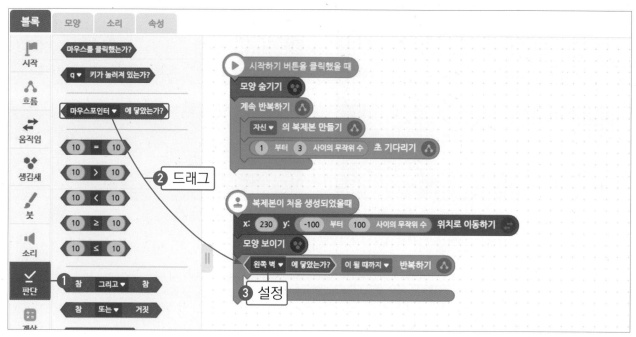

03 '아기 고래' 오브젝트의 이동 속도(간격)를 지정하기 위해 🔄(움직임) 블록 꾸러미에서 `이동 방향으로 10 만큼 움직이기` 를 드래그하여 `왼쪽 벽 ▼ 에 닿았는가? 이 될 때까지 ▼ 반복하기` 안에 조립하고, '10'은 '2'로 변경합니다.

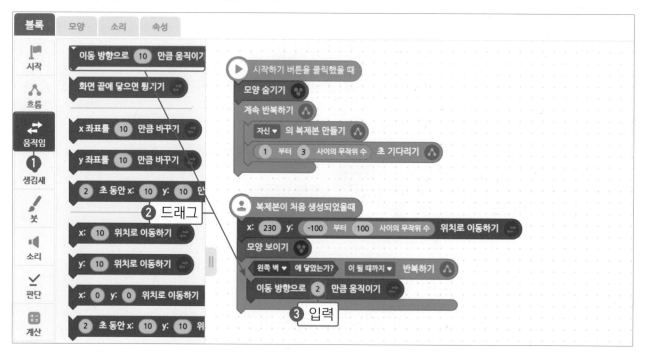

04 ▶(시작하기) 버튼을 클릭하면 왼쪽 벽에 복제본이 계속해서 쌓이는 것을 확인할 수 있습니다. ■(정지하기) 버튼을 클릭합니다.

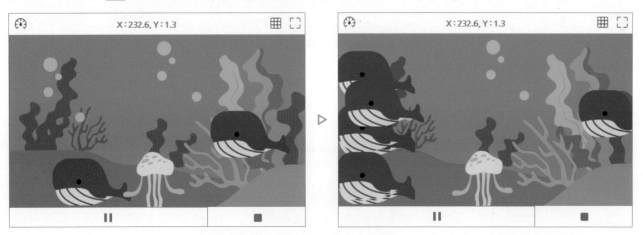

05 '아기 고래' 오브젝트가 왼쪽 벽에 닿으면 사라지도록 △(흐름) 블록 꾸러미에서 이 복제본 삭제하기 △ 를 드래그하여 조립합니다.

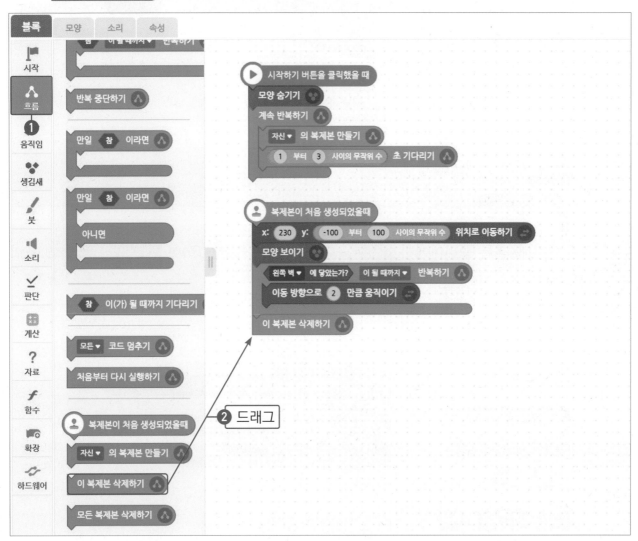

01 (흐름) 블록 꾸러미의 복제본이 처음 생성되었을때 를 블록 조립소의 빈 곳으로 드래그한 후, 계속 반복하기 를 가져와 조립합니다.

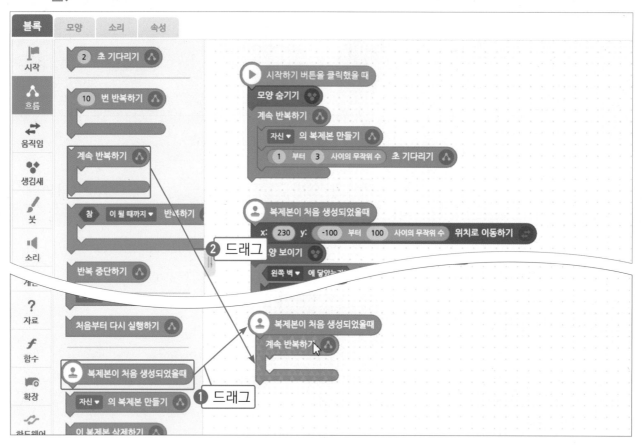

02 (생김새) 블록 꾸러미에서 다음 모양으로 바꾸기 를 드래그하여 계속 반복하기 안에 조립합니다.

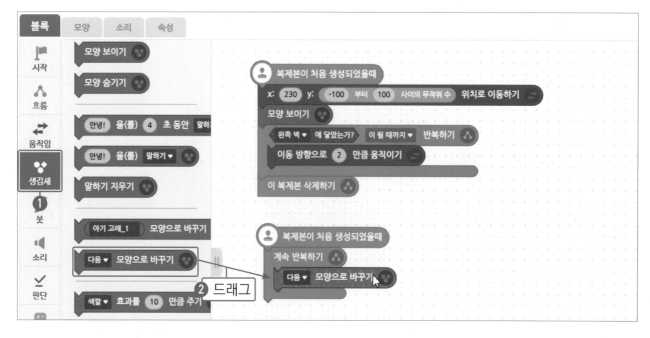

03 ⬆(흐름) 블록 꾸러미에서 [2 초 기다리기]를 드래그하여 [다음▼ 모양으로 바꾸기] 아래에 조립하고, '2'초는 '0.5'초로 변경합니다.

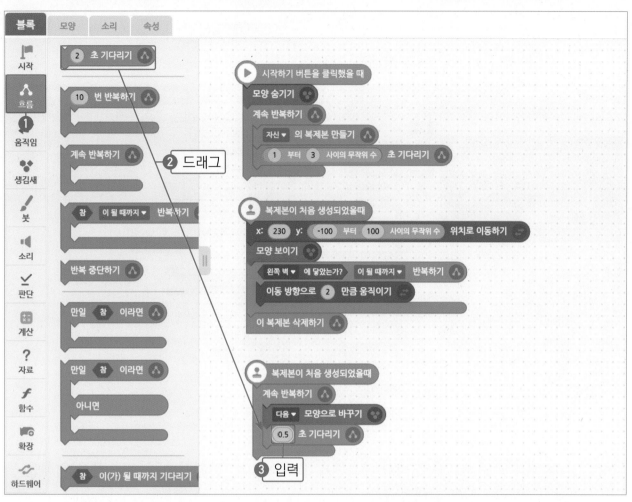

04 ▶(시작하기) 버튼을 클릭하면 왼쪽 벽까지 꼬리지느러미를 흔들며 이동하는 것을 확인할 수 있습니다. ■(정지하기) 버튼을 클릭합니다.

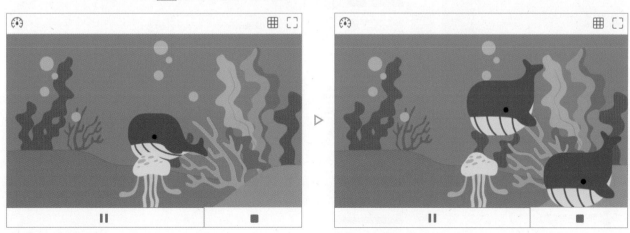

01 '아기 고래' 오브젝트의 블록 조립소에서 ▶ 시작하기 버튼을 클릭했을 때 를 마우스 오른쪽 버튼으로 클릭한 후 [코드 복사]를 선택합니다.

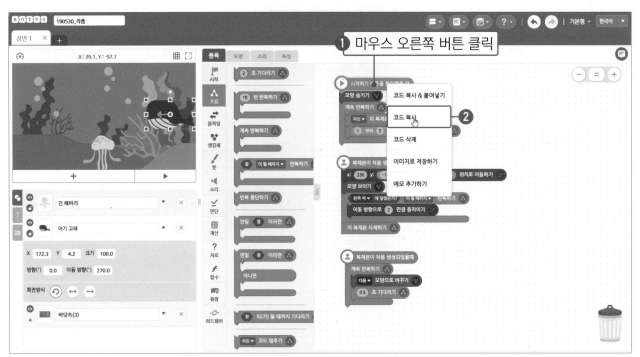

02 '긴 해파리' 오브젝트를 선택한 후, 블록 조립소의 빈 곳에서 마우스 오른쪽 버튼을 클릭하고 [붙여넣기]를 선택합니다.

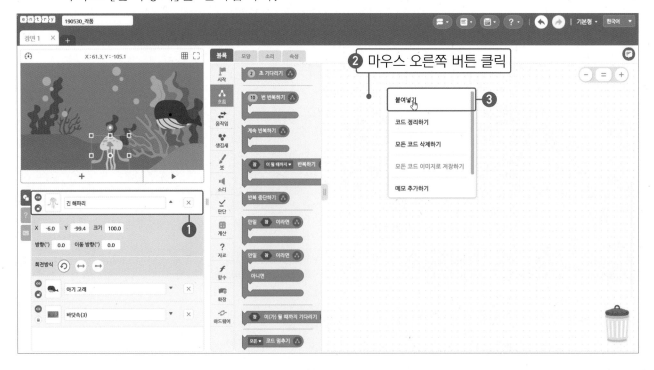

03 다시 '아기 고래' 오브젝트를 선택한 후, 블록 조립소에서 중간의 를 마우스 오른쪽 버튼으로 클릭하고 [코드 복사]를 선택합니다.

04 다시 '긴 해파리' 오브젝트를 선택한, 후 블록 조립소의 빈 곳에서 마우스 오른쪽 버튼을 클릭하고 [붙여넣기]를 선택합니다.

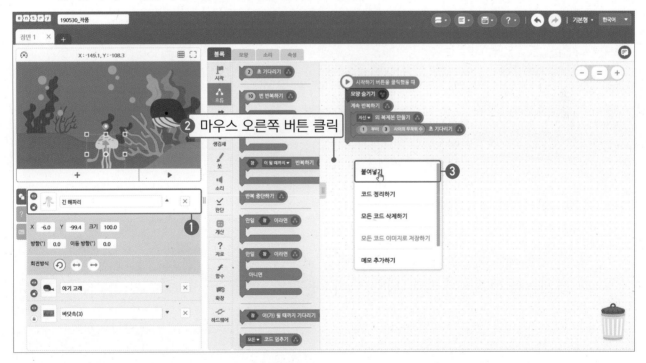

05 '긴 해파리' 오브젝트가 1~4초 간격으로 자신을 복제하도록 [1 부터 3 사이의 무작위 수]의 '3'을 '4'로 변경합니다.

06 복제한 긴 해파리가 임의의 위치에서 나타나도록 'y:'의 [-100 부터 100 사이의 무작위 수]를 'x:'의 [230]으로 드래그하여 교체한 후 '-100'은 '-200'으로, '100'은 '200'으로 변경합니다. 'y:'의 '10'은 '-100'으로 변경합니다.

07 '긴 해파리' 오브젝트가 아래에서부터 위로 이동한 후 위쪽 벽에 닿으면 사라지도록 [왼쪽 벽▼ 에 닿았는가? 이 될 때까지▼ 반복하기]의 '왼쪽 벽'을 '위쪽 벽'으로 변경하고, 느리게 움직이도록 [이동 방향으로 2 만큼 움직이기]의 '2'를 '1'로 변경합니다.

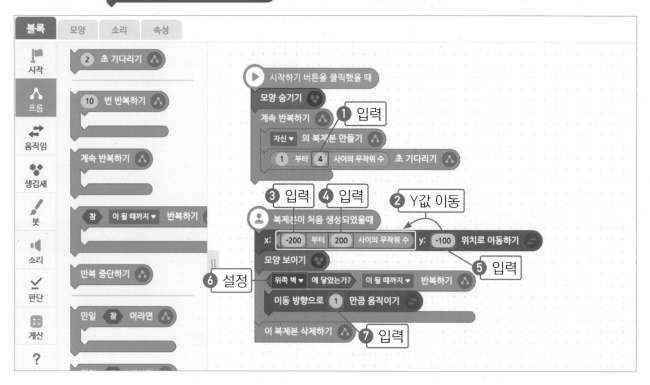

08 실행 화면에서 ▶(시작하기) 버튼을 클릭하면 '아기 고래'의 복제본이 오른쪽에서 왼쪽 벽으로 이동하고, '긴 해파리'의 복제본은 아래에서 위쪽 벽으로 이동하는 것을 확인할 수 있습니다.

09 작품 이름을 '바닷속풍경'으로 변경한 후, 오른쪽 상단 메뉴 중 [저장하기(🖫▼)]−[저장하기]를 클릭하여 저장합니다.

1 다음 순서대로 오브젝트를 추가해 봅니다.

• 오브젝트 추가 : 박쥐(2), 동굴 속

2 날갯짓을 하는 박쥐가 일정 시간 사이에 나타나 동굴 속 실행 화면 위에서 아래쪽으로 이동하다가 아래쪽 벽에 닿으면 사라지도록 코딩해 봅니다.

• 시작하기 버튼을 클릭했을 때 1~2초 간격으로 자신의 복제본 만들기
• 복제본이 처음 생성되었을 때 'x : −150, y : 100' 위치로 이동하기
• 아래쪽 벽에 닿을 때까지 이동 방향으로 '3'만큼 움직이기
• 아래쪽 벽에 닿은 복제본 삭제하기
• 복제본이 처음 생성되었을 때 '다음' 모양으로 계속 바뀌게 하기
• '0.2'초 마다 날갯짓하기

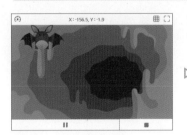 ▷ 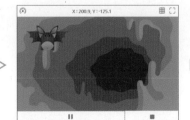 ▷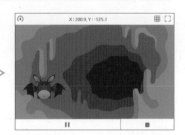

• 이 문제에서는 박쥐 오브젝트가 생성되는 위치는 고정되어 나타나도록 요구하고 있습니다. 앞의 실습에서 배운 ⓪ 부터 ⑩ 사이의 무작위 수 를 이용하여 x좌표의 값을 변경하면 박쥐가 임의의 위치에서 생성됩니다.
• 이 문제에서는 박쥐 오브젝트가 지정된 값만큼 이동 방향으로 이동하도록 요구하고 있으므로 박쥐 오브젝트의 이동 방향 화살표의 모습에 유의해야 합니다.

3 문제 [1]~[2]에 만든 작품을 '박쥐복제' 이름으로 저장해 봅니다.

07 풍선 피하기 게임

학습 포인트

- 변수의 이해
- 변수 추가
- 기본값 설정
- 모양 추가
- 무작위수 추가
- 소리 추가
- 소리 재생(시간 제한)
- 모든 코드 멈추기

이번 장에서는 '엔트리봇'이 과일에 닿으면 점수를 올리고, 물풍선에 닿으면 생명이 줄어

'0'이 되면 끝나는 게임을 통해 '변수'에 대해 공부해 보도록 하겠습니다.

◎ 완성파일 : 풍선피하기.ent

Step 01   변수(Variable)의 이해

변수는 프로그램에 필요한 자료(데이터)를 담을 수 있는 공간이고, 변수값은 변수 안에 들어 있는 데이터입니다. 변수는 한 번에 한 가지 값만 저장할 수 있기 때문에 10개의 데이터를 저장하려면 10개의 변수를 추가하여 저장해야 합니다.

엔트리에서는 변수에 숫자만 저장할 수 있습니다. 오브젝트의 행동이나 블록의 명령에 따라 숫자를 더하거나 뺄 수 있어 시간이나 점수를 계산할 때 유용하게 사용할 수 있습니다.

코딩실습   간단한 코딩으로 '변수' 이해하기

엔트리봇을 클릭할 때마다 점수 1점이 올라가고, 5점이 되면 '게임 끝!'이라고 말하도록 만들어 봅니다.

① '엔트리(⊙)'를 실행합니다. 조립되어 있는 기본 코드는 모두 삭제하고 [블록] 탭의 [시작](시작) 블록 꾸러미에서 [오브젝트를 클릭했을 때]를 블록 조립소의 빈 곳으로 드래그합니다.

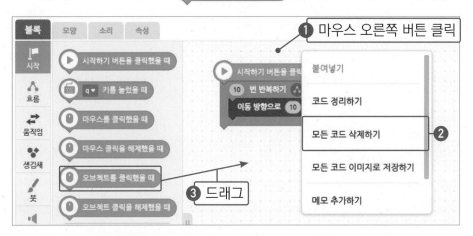

❷ [속성] 탭의 [변수]에서 [변수 추가하기] 버튼을 클릭한 후 변수 이름을 '점수'라고 입력한
후 [확인] 버튼을 클릭합니다. '슬라이드'에 체크한 후 '0~5'로 값을 조정합니다.

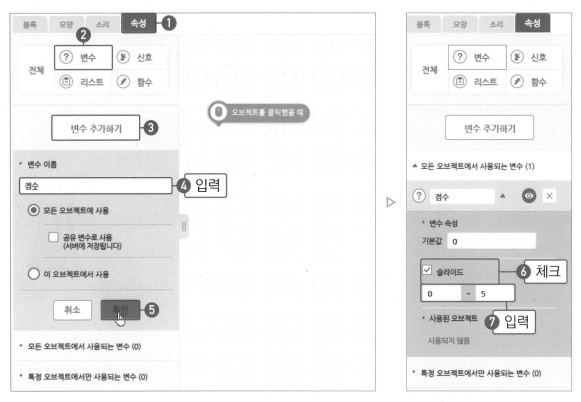

❸ [블록] 탭의 ?자료 (자료) 블록 꾸러미에서 점수▼ 에 10 만큼 더하기 를 드래그하여 조립하고,
'10'을 '1'로 변경합니다.

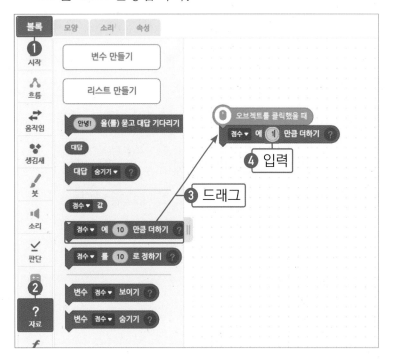

④ (흐름) 블록 꾸러미에서 [만일 참 이라면] 을 드래그하여 조립합니다.

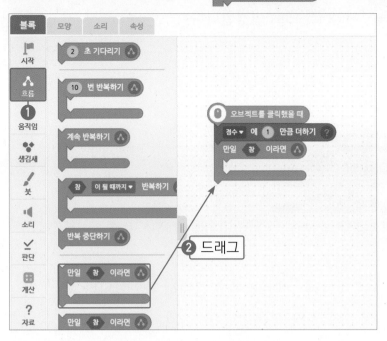

⑤ (판단) 블록 꾸러미에서 [10 = 10] 를 드래그하여 [만일 참 이라면] 의 '참'에 끼워 넣습니다. '점수'가 5일 때의 '참'인 값을 판단하기 위해 (자료) 블록 꾸러미에서 [점수▼ 값] 을 드래그하여 [10 = 10] 의 앞쪽 '10'에 끼워 넣고, 뒤쪽 '10'은 '5'로 변경합니다.

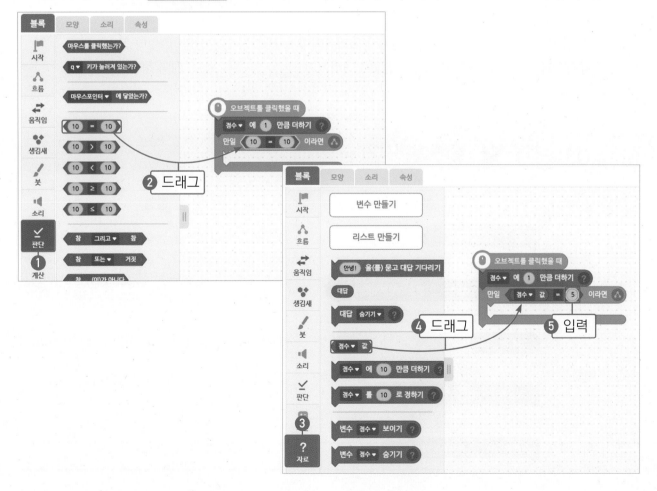

⑥ 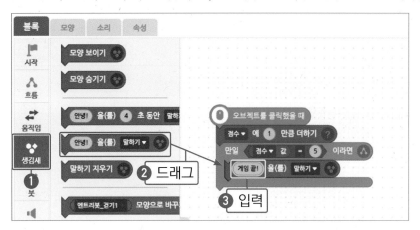 (생김새) 블록 꾸러미에서 안녕! 을(를) 말하기▼ 를 드래그하여 만일 점수▼ 값 = 5 이라면
안에 드래그하여 조립하고, '안녕!'을 '게임 끝!'으로 변경합니다.

⑦ 실행 화면에서 ▶(시작하기) 버튼을 클릭한 후, 엔트리봇을 클릭해 확인합니다.

Step 02   코딩할 실행 장면 계획 세우기

| 등장인물/사물과 배경
추가하기 | ▶ | '점수'와 '생명' 변수
추가하기 | ▶ | 엔트리봇을 왼쪽과
오른쪽 화살표 키로 제어하기 | ▶ |

| 과일과 엔트리봇이 닿으면
점수 1 올리기 | ▶ | 물풍선과 엔트리봇이 닿으면
생명 1 내려가기 | ▶ | 생명이 1보다 작아지면
게임 중단하기 |

Step 03   처음 보는 블록 살펴보기

블록 꾸러미	블록	설명
(흐름)	모든▼ 코드 멈추기	선택한 블록의 실행을 멈춥니다.
(소리)	소리 방귀 소리1▼ 1 초 재생하기	해당 오브젝트가 선택한 소리를 입력한 시간 만큼 재생하는 동시에 다음 블록을 실행합니다.
(자료)	점수▼ 값	선택한 변수(변수명 예 : 점수)에 저장된 값입니다.
	점수▼ 에 10 만큼 더하기	선택한 변수(변수명 예 : 점수)에 입력한 값을 더합니다.
(생김새)	사과(1)_1 모양으로 바꾸기	오브젝트를 선택한 모양으로 바꿉니다.

오브젝트 추가하기

01 '엔트리( )'를 실행합니다. 블록 조립소에서 10 번 반복하기 를 마우스 오른쪽 버튼으로 클릭한 후 [코드 삭제]를 선택하고, ＋(오브젝트 추가하기) 버튼을 클릭합니다.

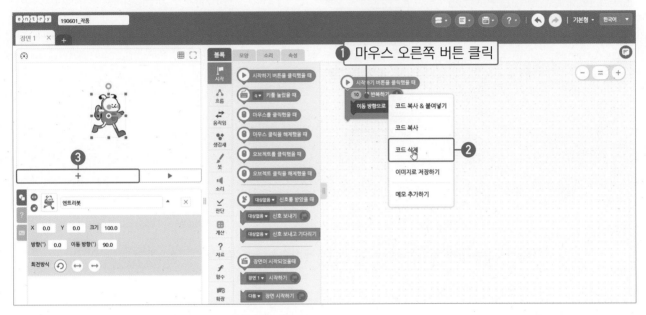

02 검색어(숲속, 사과, 풍선)를 입력해 '숲속(2)', '사과(1)', '물풍선' 오브젝트를 찾은 후 [추가하기] 버튼을 클릭합니다.

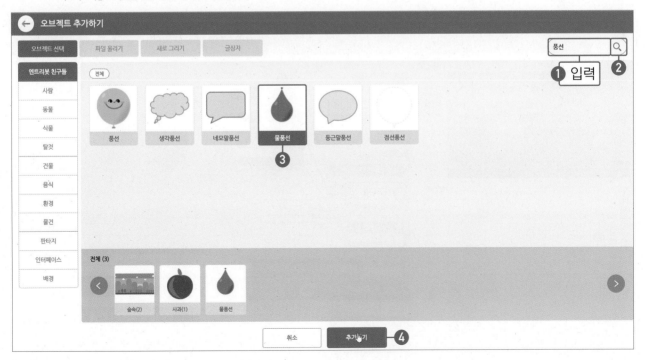

03 실행 화면에서 '엔트리봇' 오브젝트는 왼쪽에, '사과(1)'과 '물풍선' 오브젝트는 크기를 조정한 후 위쪽에 각각 배치합니다.

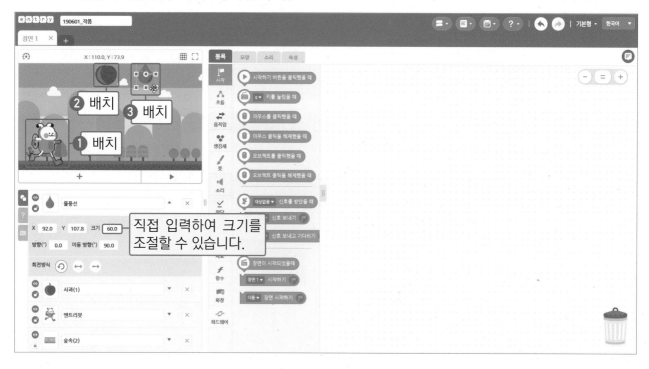

Step 02   방향키로 '엔트리봇' 오브젝트 제어하기

01 '엔트리봇'을 선택한 후, ⚙(흐름) 블록 꾸러미에서 `계속 반복하기` 를 드래그하여 조립합니다. `만일 참 이라면` 을 드래그하여 `계속 반복하기` 안에 조립한 다음, 한 번 더 조립합니다.

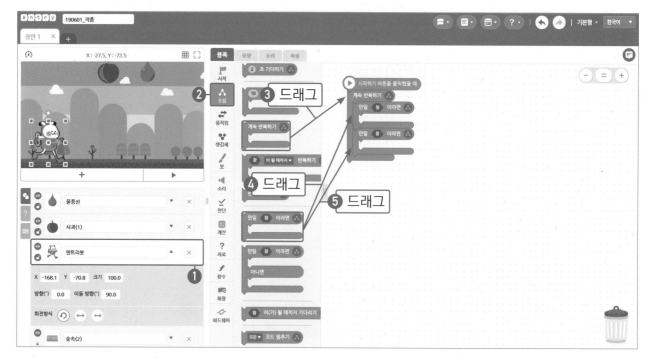

02 [판단](판단) 블록 꾸러미에서 `q ▼ 키가 눌러져 있는가?` 를 드래그하여 `만일 참 이라면` 의 '참' 에 각각 끼워 넣고, 'q'를 각각 '오른쪽 화살표', '왼쪽 화살표'로 변경합니다.

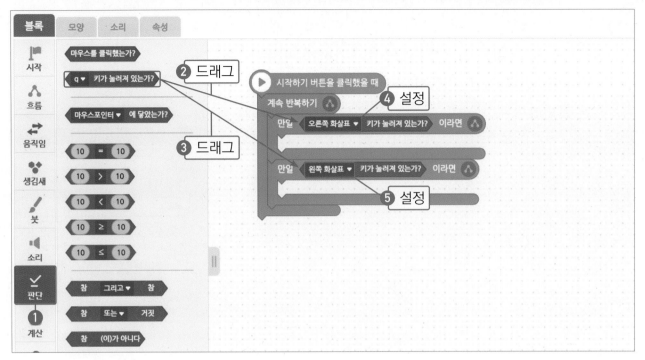

03 [움직임](움직임) 블록 꾸러미에서 `x좌표를 10 만큼 바꾸기` 를 드래그하여 다음처럼 조립한 후 아래쪽 `x좌표를 10 만큼 바꾸기` 의 '10'만 '−10'으로 변경합니다.

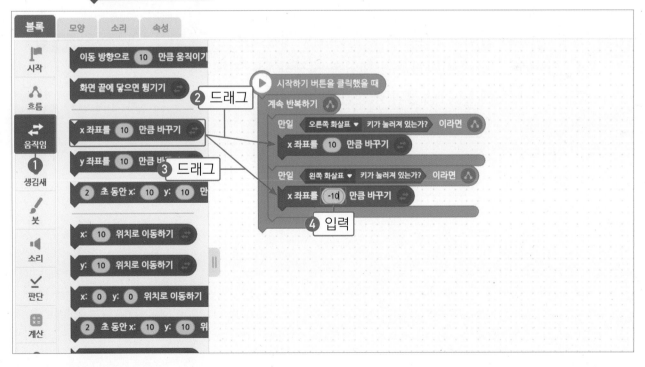

01 생명이 줄어들도록 만들려면 변수가 필요하기 때문에 [속성] 탭의 [변수]를 선택한 후 [변수 추가하기] 버튼을 클릭합니다. 변수 이름을 '생명'이라고 입력하고 [확인] 버튼을 클릭합니다.

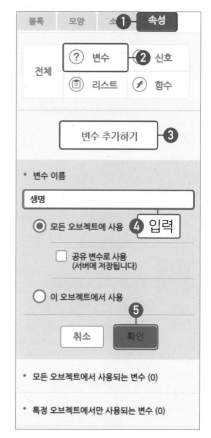

> **잠깐!** 변수를 추가하면 ❓(자료) 블록 꾸러미에 변수 관련 블록이 추가됩니다.

02 '생명' 변수의 값이 '0'이면 게임을 중단할 예정이므로, 기본값이 '0'인 상태로 시작하면 게임을 시작하기도 전에 중단되기 때문에 변수 속성의 기본값을 '10'으로 변경합니다.

03 [변수 추가하기] 버튼을 클릭하여 변수 이름을 '점수'라고 입력한 후 [확인] 버튼을 클릭하여 변수를 추가합니다.

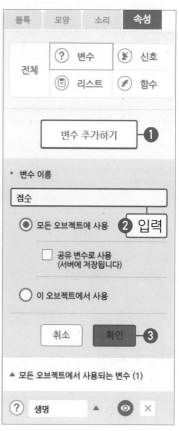

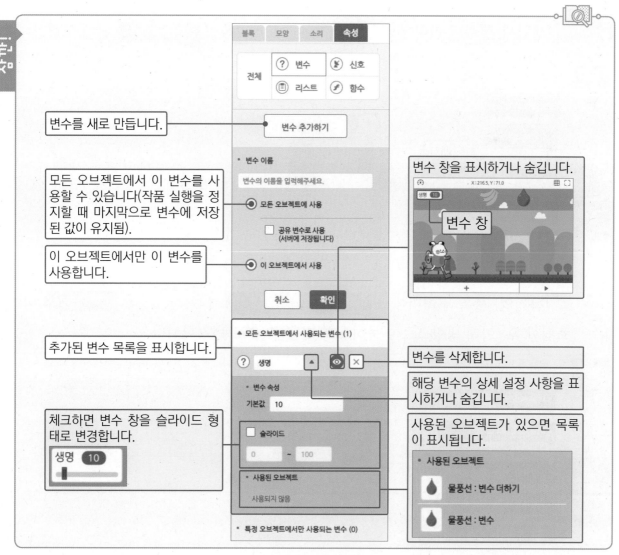

변수를 새로 만듭니다.

모든 오브젝트에서 이 변수를 사용할 수 있습니다(작품 실행을 정지할 때 마지막으로 변수에 저장된 값이 유지됨).

이 오브젝트에서만 이 변수를 사용합니다.

추가된 변수 목록을 표시합니다.

체크하면 변수 창을 슬라이드 형태로 변경합니다.

변수 창을 표시하거나 숨깁니다.

변수 창

변수를 삭제합니다.

해당 변수의 상세 설정 사항을 표시하거나 숨깁니다.

사용된 오브젝트가 있으면 목록이 표시됩니다.

01 '사과(1)' 오브젝트를 선택합니다. [블록] 탭에서 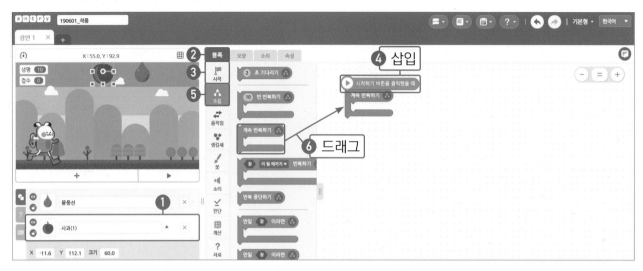(시작) 블록 꾸러미의 시작하기 버튼을 클릭했을 때 와 (흐름) 블록 꾸러미의 계속 반복하기 를 블록 조립소로 드래그하여 다음처럼 조립합니다.

02 (생김새) 블록 꾸러미에서 모양 보이기 를 드래그하여 계속 반복하기 안에 조립합니다.

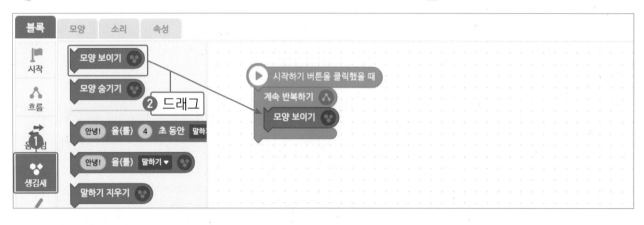

03 (움직임) 블록 꾸러미에서 y좌표를 10 만큼 바꾸기 를 드래그하여 모양 보이기 아래에 조립한 후, 아래 방향으로 이동하도록 '10'을 '-2'로 변경합니다.

126 엔트리 기초 코딩

04 y좌표를 -2 만큼 바꾸기 아래에 (흐름) 블록 꾸러미의 만일 참 이라면 아니면 을 드래그하여 조립합니다. 계속해서 만일 참 이라면 을 드래그하여 아니면 안에 조립합니다.

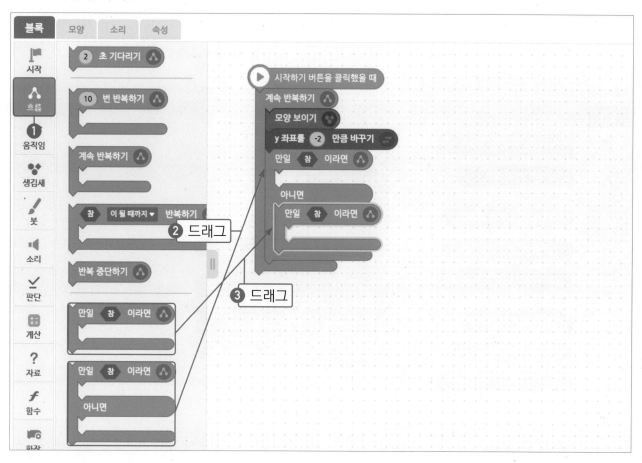

05 (판단) 블록 꾸러미에서 마우스포인터 ▼ 에 닿았는가? 를 드래그하여 만일 참 이라면 의 '참'에 각각 끼워 넣고, '마우스포인터'를 각각 '아래쪽 벽', '엔트리봇'으로 변경합니다.

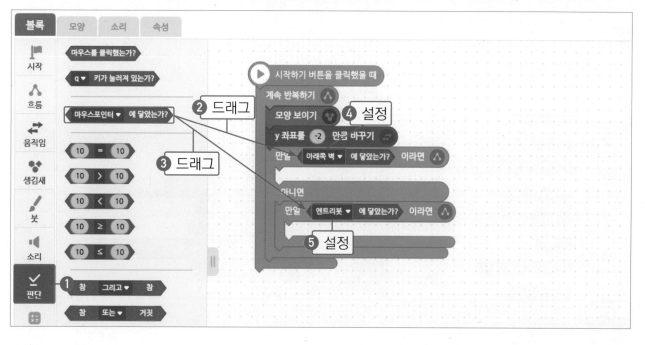

06 (움직임) 블록 꾸러미의 `x: 0 y: 0 위치로 이동하기` 를 `만일 아래쪽 벽▼ 에 닿았는가? 이라면`과 `만일 엔트리봇▼ 에 닿았는가? 이라면` 안에 각각 조립합니다.

07 '사과(1)' 오브젝트가 '아래쪽 벽'이나 '엔트리봇'에 닿은 후 다시 모습이 보일 때의 시작 위치가 실행 화면 위쪽이 되도록 지정하기 위해 `x: 0 y: 0 위치로 이동하기` 의 'y:'는 각 각 '100'으로 설정합니다.

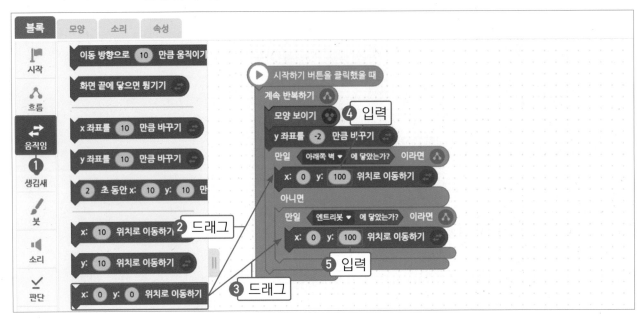

08 '사과(1)' 오브젝트가 새로 나타날 때 한 장소에서만 나타나지 않도록 (계산) 블록 꾸 러미에서 `0 부터 10 사이의 무작위 수` 를 드래그하여 `x: 0 y: 100 위치로 이동하기` 의 'x:' 옆 에 있는 '0'에 각각 끼워 넣습니다. `0 부터 10 사이의 무작위 수` 의 '0'은 '-200', '10'은 '200'으로 변경하여 x 좌표를 무작위 수로 설정합니다.

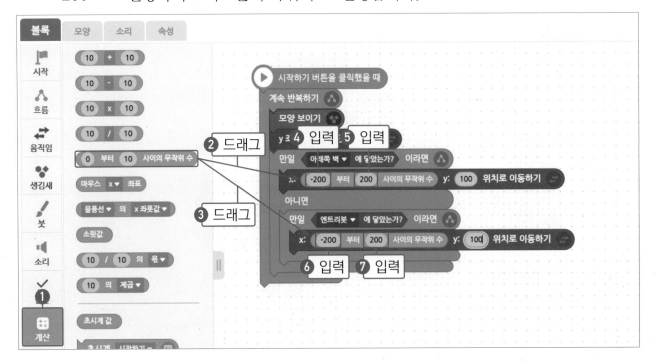

09 '사과(1)' 오브젝트가 '엔트리봇' 오브젝트에 닿으면 점수가 1씩 올라가도록 [?] (자료) 블록 꾸러미의 [점수 ▼ 에 10 만큼 더하기 ?] 를 드래그하여 [만일 엔트리봇 ▼ 에 닿았는가? 이라면 ⋀] 안에 조립한 후 '10'을 '1'로 변경합니다.

Step **05** 사과 모양을 여러 가지 과일로 변경하기

01 여러 가지 과일이 나타나도록 하기 위해 [모양] 탭을 클릭한 후 [모양 추가하기] 버튼을 클릭합니다.

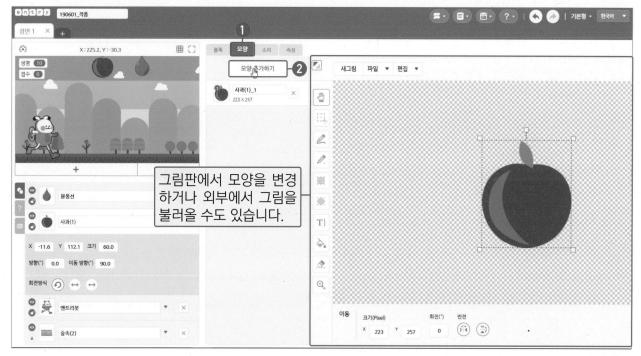

그림판에서 모양을 변경하거나 외부에서 그림을 불러올 수도 있습니다.

02 검색어(귤, 복숭아, 바나나)를 입력해 '귤_1', '복숭아_1', '바나나(1)_1' 오브젝트를 찾은 후 [추가하기] 버튼을 클릭합니다.

03 모양 목록에 선택한 과일 모양이 추가되었습니다.

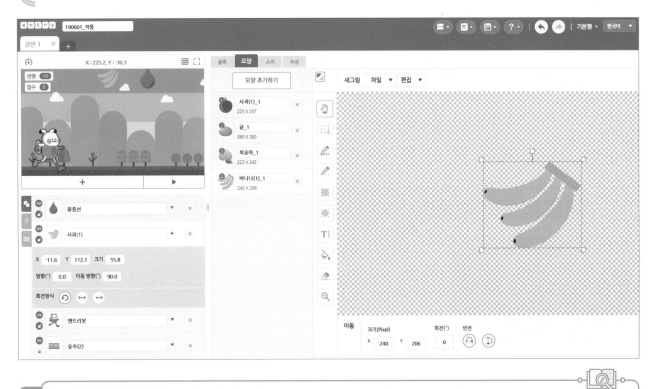

사과가 사라지고 바나나 모양이 보여요.

한 오브젝트는 여러 가지 모양을 가질 수 있습니다. 모양이 여러 개로 이루어진 오브젝트의 경우 [모양] 탭의 모양 목록에서 선택되어 있는 이미지가 대표 이미지로 표시됩니다. 모양을 추가한 후에는 모양의 번호나 이름을 이용해 작품 안에서 모양을 바꿀 수 있습니다.

04 [블록] 탭의 (생김새) 블록 꾸러미에서 `사과(1)_1 모양으로 바꾸기`를 드래그하여 `만일 아래쪽 벽 에 닿았는가? 이라면` 아래에 조립합니다. 계속해서 `모양 숨기기`를 드래그하여 `만일 엔트리봇 에 닿았는가? 이라면` 아래에 조립합니다.

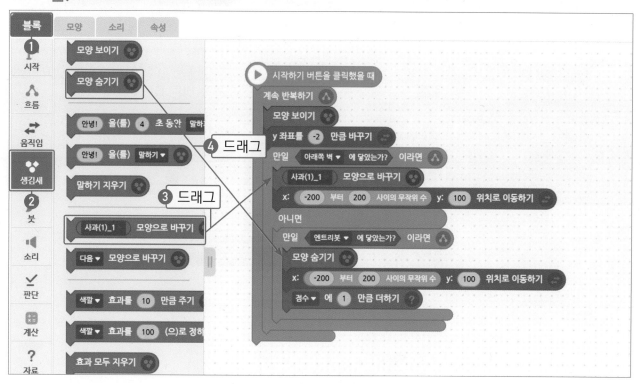

05 4종류의 과일이 불규칙하게 나타나도록 `사과(1)_1 모양으로 바꾸기`의 '사과(1)_1'에 (계산) 블록 꾸러미의 `0 부터 10 사이의 무작위 수`를 드래그하여 끼워 넣고 '0'은 '1', '10'은 '4'로 변경합니다.

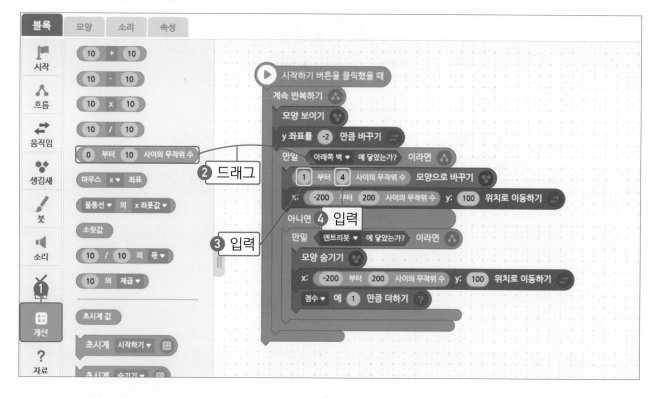

01 '사과(1)' 오브젝트의 블록 조립소에서 ▶ 시작하기 버튼을 클릭했을 때 를 마우스 오른쪽 버튼으로 클릭한 후 [코드 복사]를 선택합니다.

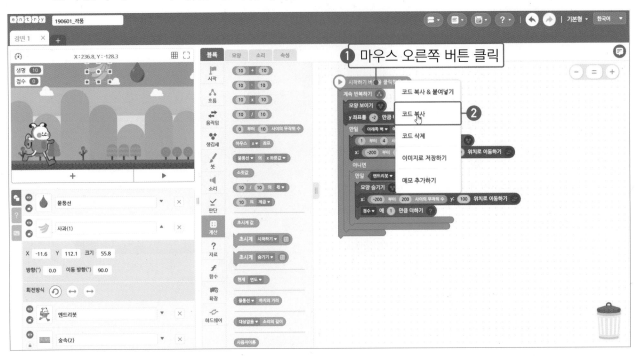

02 '물풍선' 오브젝트를 선택한 후, 블록 조립소의 빈 곳을 마우스 오른쪽 버튼으로 클릭하고 [붙여넣기]를 선택합니다.

코드 복사 바로 가기 키

복사할 코드를 선택한 후 Ctrl + C 키를 누르고, 붙여넣기 할 곳에서 Ctrl + V 키를 눌러 붙여넣기 합니다. 코드를 복사할 때는 코드에 포함된 하위 코드까지 복사됩니다.

03 코드가 붙여넣기 되면 모양과 관련된 블록을 모두 삭제합니다.

04 점수▼ 에 1 만큼 더하기 의 '점수'를 '생명'으로 변경하고, '1'은 '−1'로 변경합니다.

01 (흐름) 블록 꾸러미에서 만일 참 이라면 을 드래그하여 생명▼ 에 -1 만큼 더하기 아래에 조립합니다.

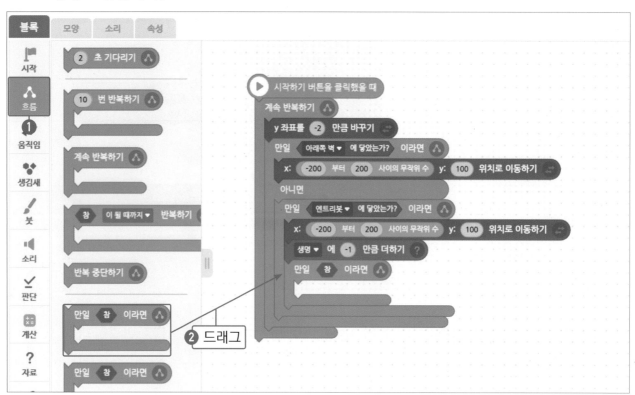

02 '생명' 값이 1보다 작아지면 모든 코드를 멈추게 하기 위해 (판단) 블록 꾸러미에서 10 < 10 를 드래그하여 만일 참 이라면 의 '참'에 끼워 넣습니다.

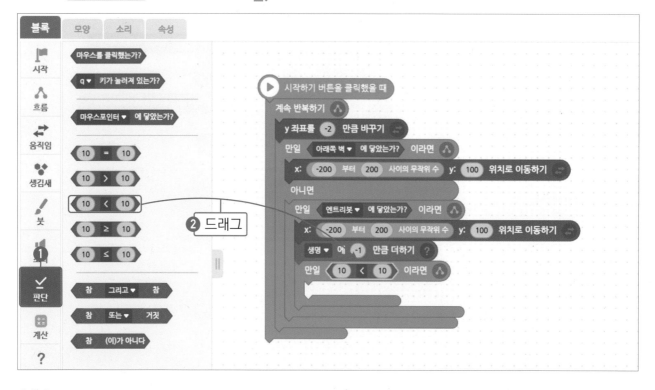

03  의 앞쪽 '10'에는 ? (자료) 블록 꾸러미의 점수▼ 값 을 끼워 넣은 후 '점수'를 '생명'으로 변경하고, 뒤쪽 '10'은 '1'로 변경합니다.

04 (흐름) 블록 꾸러미에서 모든▼ 코드 멈추기 를 드래그하여 만일 생명▼ 값 < 1 이라면 안에 조립합니다.

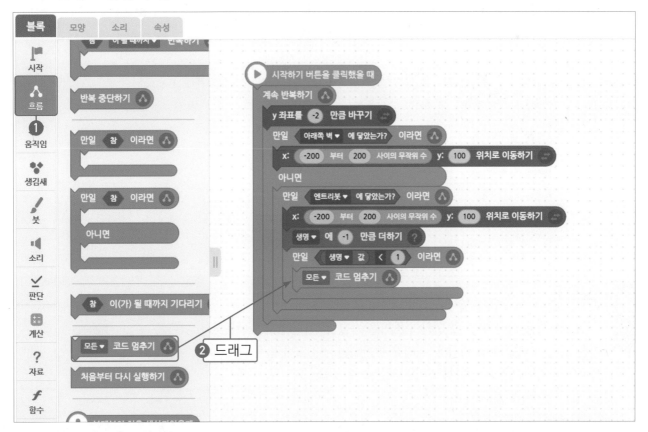

01 소리를 추가하기 위해 [소리] 탭에서 [소리 추가하기] 버튼을 클릭합니다.

02 [소리 추가하기]에서 '방귀 소리3'을 선택한 후 [추가하기] 버튼을 클릭합니다.

[소리] 탭

한 오브젝트는 하나 또는 그 이상의 소리를 가질 수 있습니다. 오브젝트가 가진 소리 목록을 보여 줍니다. 소리를 추가하면 (소리) 블록 꾸러미에 블록이 추가되어 작품 안에서 소리를 재생할 수 있습니다.

03 '엔트리봇' 오브젝트가 '물풍선' 오브젝트에 닿으면 소리가 나도록 하기 위해 [블록] 탭에서 (소리) 블록 꾸러미의 `소리 방귀 소리3 ▼ 1 초 재생하기` 를 드래그하여 `만일 엔트리봇 ▼ 에 닿았는가? 이라면` 안에 다음과 같이 조립합니다.

04 실행 화면에서 ▶(시작하기) 버튼을 클릭한 후 왼쪽, 오른쪽 방향키를 움직여서 엔트리봇을 과일에 닿도록 하거나 물풍선을 피하면서 게임을 진행합니다. 생명이 '0'이 되면 모든 코드가 멈춰집니다.

05 작품 이름을 '풍선피하기'로 변경한 후, 오른쪽 상단 메뉴 중 [저장하기( )]–[저장하기]를 클릭하여 저장합니다.

1 다음 순서대로 오브젝트를 추가합니다.

• 오브젝트 추가 : 들판(2), 안경쓴 학생(2), 달팽이

2 '달팽이'가 오른쪽 벽에 닿을 때까지 이동하고, '안경쓴 학생(2)'는 Space Bar 키를 이용해 점프를 할 수 있도록 합니다. '달팽이'를 뛰어 넘으면 점수가 5점이 올라가고, '달팽이'에 닿으면 게임이 중단되도록 코딩해 봅니다.

- 오른쪽/왼쪽 키를 눌렀을 때 : '안경쓴 학생(2)' 오브젝트의 x 좌표를 5/-5 만큼 바꾸기
- 스페이스 키를 눌렀을 때 : '안경쓴 학생(2)' 오브젝트를 0.5초 동안 x:-10 y:100 만큼 움직이고, 0.5초 동안 x:-10 y:-100 만큼 움직이기
- '안경쓴 학생(2)' 오브젝트가 왼쪽 벽에 닿으면 x 위치를 230으로 이동하기
- '달팽이' 오브젝트의 x 좌표를 5만큼씩 바꾸기
- 변수 '점수' 추가하기
- '달팽이' 오브젝트가 오른쪽 벽에 닿으면 '점수'에 5를 더하고, '달팽이' 오브젝트의 x 위치를 -230으로 이동하기
- '달팽이' 오브젝트가 '안경쓴 학생(2)' 오브젝트에 닿으면 모든 코드 멈추기

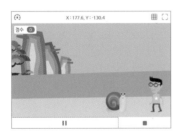 ▷ 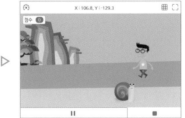 ▷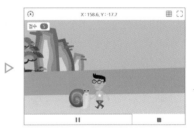

방향키와 스페이스 키 관련 코드를 별도로 조립하면 방향키와 스페이스 키를 동시에 눌러 오브젝트를 더 멀리 움직일 수 있습니다.

3 문제 [1]~[2]에 만든 작품을 '점프게임'이라는 이름으로 저장해 봅니다.

나를 위한 쇼핑 리스트

학습 포인트
- 리스트의 이해
- 묻기와 대답하기 블록
- 리스트 추가 블록
- 리스트 수정 블록
- 리스트 삭제 블록
- 처음부터 다시 실행하기

이번 장에서는 쇼핑 리스트 작성 예제를 통해 '리스트'에 대해 공부해 보도록 하겠습니다.

리스트와 변수의 차이를 살펴보고, 더불어 글상자를 버튼처럼 사용하는 방법도 알아보도록 하겠습니다.

미 리 보 기

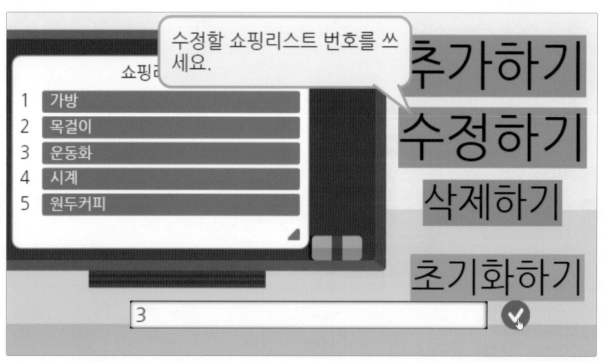

◉ 완성파일 : 쇼핑리스트.ent

Step 01 리스트(List)의 이해

하나의 값만을 저장하는 변수와는 달리 리스트는 숫자뿐만 아니라 문자로 된 값을 여러 개 저장할 수 있습니다. 리스트에 있는 값들을 내보내거나 불러올 수도 있습니다. 리스트의 특정 순서에 있는 값을 보여줄 수 있어서 퀴즈 게임이나 뽑기 게임에 유용하게 사용할 수 있습니다.

코딩실습 간단한 코딩으로 '리스트' 이해하기

시작하기 버튼을 클릭하면 '내가 좋아하는 음식' 5가지를 리스트로 작성할 수 있고, 엔트리봇을 클릭하면 리스트에서 첫 번째 항목을 삭제하도록 만들어 봅니다.

 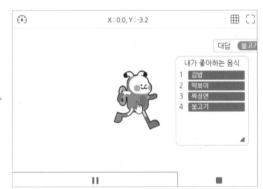

① '엔트리( )'를 실행합니다. 조립되어 있는 기본 코드 중 `10 번 반복하기` 의 '10'을 '5'로 변경합니다. `이동 방향으로 10 만큼 움직이기` 를 마우스 오른쪽 버튼으로 클릭하여 [코드 삭제]를 선택합니다.

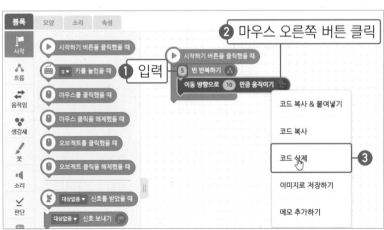

② 리스트를 추가하기 위해 [속성] 탭을 클릭한 후 [리스트]를 선택합니다. [리스트 추가하기] 버튼을 클릭한 후 리스트 이름을 '내가 좋아하는 음식'이라고 입력하고 [확인] 버튼을 클릭합니다.

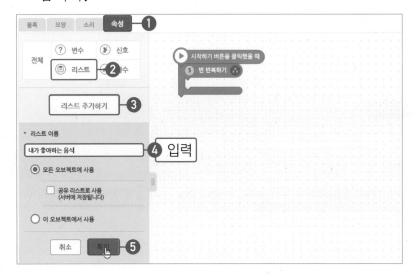

③ [블록] 탭을 클릭합니다. ⌘(자료) 블록 꾸러미에서 `안녕! 을(를) 묻고 대답 기다리기 ?`를 드래그하여 `5 번 반복하기` 안에 조립한 후 '안녕!'을 '내가 좋아하는 음식을 추가해 주세요.'로 변경합니다. `10 항목을 내가 좋아하는 음식 ▼ 에 추가하기 ?`를 드래그하여 `5 번 반복하기` 안에 다음처럼 조립하고, '10'에 `대답`을 드래그하여 끼워 넣습니다.

④ 추가된 리스트 창의 크기와 위치를 지정합니다.

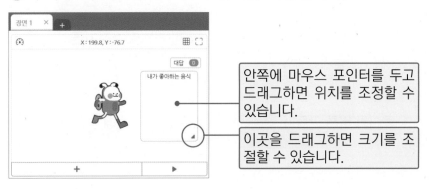

안쪽에 마우스 포인터를 두고 드래그하면 위치를 조정할 수 있습니다.

이곳을 드래그하면 크기를 조절할 수 있습니다.

5 ▶(시작) 블록 꾸러미에서 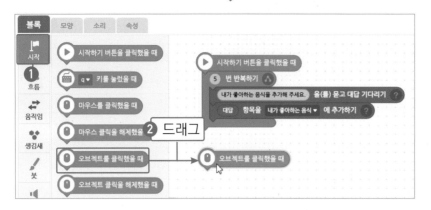 를 블록 조립소의 빈 곳으로 드래그합니다.

6 ?(자료) 블록 꾸러미에서 1 번째 항목을 내가 좋아하는 음식 ▼ 에서 삭제하기 를 오브젝트를 클릭했을 때 아래로 드래그하여 조립합니다.

7 실행 화면에서 ▶(시작하기) 버튼을 클릭한 후, 입력란을 채우고 옆의 ✅을 클릭하면 리스트의 항목이 추가되고, 엔트리봇을 클릭하면 삭제되는 것을 확인합니다.

●●●●
Step 02 · 코딩할 실행 장면 계획 세우기

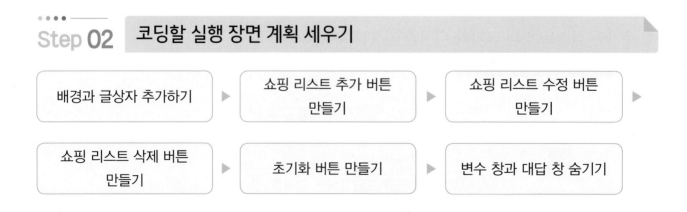

배경과 글상자 추가하기	▶	쇼핑 리스트 추가 버튼 만들기	▶	쇼핑 리스트 수정 버튼 만들기	▶

쇼핑 리스트 삭제 버튼 만들기	▶	초기화 버튼 만들기	▶	변수 창과 대답 창 숨기기

블록 꾸러미	블록	설명
(시작)	오브젝트를 클릭했을 때	오브젝트를 클릭했을 때 아래에 연결된 블록이 실행됩니다.
	오브젝트 클릭을 해제했을 때	오브젝트 클릭을 해제했을 때 아래에 연결된 블록이 실행됩니다.
(생김새)	크기를 100 (으)로 정하기	오브젝트의 크기를 입력한 값으로 정합니다.
(자료)	안녕! 을(를) 묻고 대답 기다리기	오브젝트가 입력한 문자를 말풍선으로 묻고, 대답을 기다립니다.
	번호▼ 를 10 로 정하기	선택한 변수(변수명 예 : 번호)의 값을 입력한 값으로 정합니다.
	대답	사용자가 대답 창에 입력한 값입니다.
	10 항목을 쇼핑리스트▼ 에 추가하기	입력한 값을 선택한 리스트의 마지막 항목에 추가합니다.
	쇼핑리스트▼ 1 번째 항목을 10 (으)로 바꾸기	선택한 리스트에서 입력한 순서에 있는 항목의 값을 입력한 값으로 변경합니다.
	1 번째 항목을 쇼핑리스트▼ 에서 삭제하기	선택한 리스트의 입력한 순서에 있는 항목을 삭제합니다.
	대답 숨기기▼	대답 창을 실행 화면에서 숨기거나 보이게 합니다.
	변수 번호▼ 숨기기	선택한 변수의 변수 창을 실행 화면에서 숨깁니다.
(흐름)	처음부터 다시 실행하기	작품을 처음부터 다시 실행합니다.

02 | 실력 다듬기   코딩하기

01 '엔트리(▶)'를 실행한 후 오브젝트 목록에서 '엔트리봇'의 ✕ (삭제) 버튼을 클릭하여 '엔트리봇' 오브젝트를 삭제하고 ➕ (오브젝트 추가하기) 버튼을 클릭합니다.

02 검색어(학교)를 입력해 '학교 배경'을 찾은 후 [추가하기] 버튼을 클릭하여 오브젝트를 추가합니다.

03 글상자 오브젝트를 추가하기 위해 실행 화면의 ➕(오브젝트 추가하기) 버튼을 다시 클릭합니다.

04 [오브젝트 추가하기]에서 [글상자] 탭을 클릭한 후, 입력란에 '추가하기'라고 입력합니다. 글상자에 색상을 넣기 위해 ◢▪(채우기 색상)을 클릭한 후, ▦를 클릭하여 색상 팔레트를 표시합니다. 주황색을 선택하고 [적용하기] 버튼을 클릭합니다.

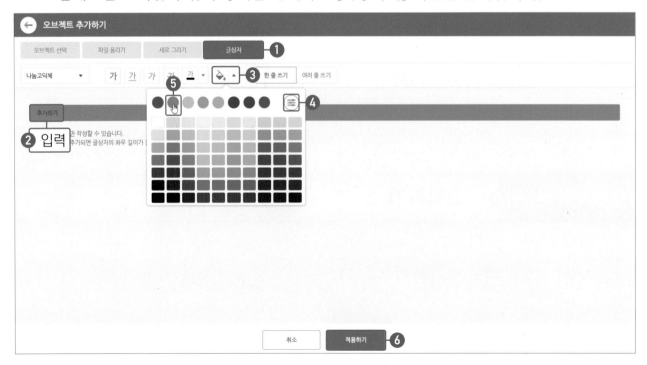

05 실행 화면에 '추가하기' 오브젝트가 추가되면 드래그하여 위치를 조정합니다.

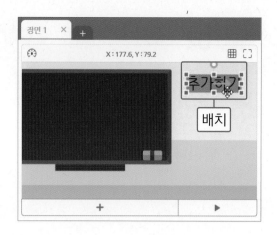

06 '수정하기', '삭제하기' 오브젝트도 **03~04**와 같은 방법으로 추가합니다.

07 '초기화하기' 오브젝트는 채우기 색상을 하늘색으로 선택하여 추가합니다.

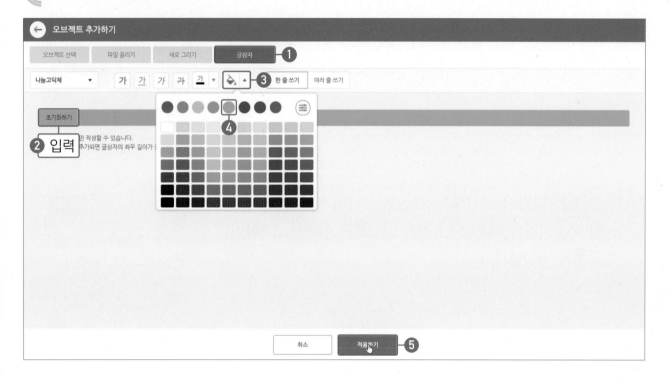

08 실행 화면에서 새로 추가된 글상자 오브젝트들의 위치를 다음과 같이 배치합니다.

01 [속성] 탭의 [변수]에서 [변수 추가하기] 버튼을 클릭한
후, 변수 이름을 '번호'라고 입력하고 [확인] 버튼을 클릭
합니다.

02 [속성] 탭의 [리스트]에서 [리스트 추가하기] 버튼을 클릭
한 후, 리스트 이름을 '쇼핑리스트'라고 입력하고 [확인]
버튼을 클릭합니다.

03 실행 화면에 표시된 리스트 창의 크기와 위치를 설정합니다.

01 '추가하기' 오브젝트를 선택한 후 [블록] 탭을 클릭합니다. (시작) 블록 꾸러미에서
오브젝트를 클릭했을 때 와 오브젝트 클릭을 해제했을 때 를 각각 블록 조립소의 빈 곳으로 드래그합니다.

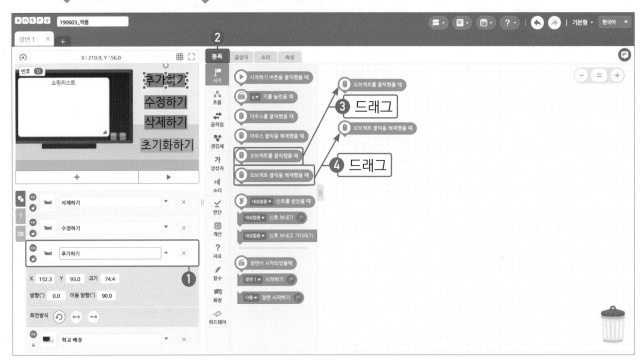

02 (생김새) 블록 꾸러미에서 크기를 100 (으)로 정하기 를 드래그하여 오브젝트를 클릭했을 때
아래에 조립하고 '100'을 '90'으로 변경합니다. 다시 크기를 100 (으)로 정하기 를 드래그
하여 오브젝트 클릭을 해제했을 때 아래에 조립합니다.

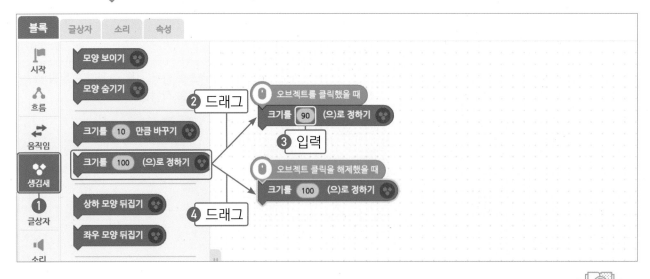

01~02에서 작업한 블록들은 넣지 않아도 됩니다. 여기에서는 크기를 '100'과 '90'으로 설정하여 글상자
오브젝트에 시각적인 눌러짐 효과를 주고, '초기화하기' 오브젝트에서 적용할 처음부터 다시 실행하기 블록
의 기능을 살펴보기 위해 넣은 과정입니다.

03 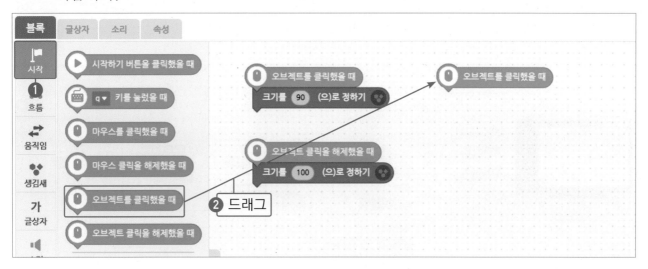 ▣(시작) 블록 꾸러미에서 ●오브젝트를 클릭했을 때 를 블록 조립소의 빈 곳으로 하나 더 가져옵니다.

04 ?(자료) 블록 꾸러미에서 안녕! 을(를) 묻고 대답 기다리기 ? 를 드래그하여 ●오브젝트를 클릭했을 때 아래에 조립한 후, '안녕'을 '사고 싶은 쇼핑리스트를 추가하세요.'로 변경합니다. 그 아래에 10 항목을 쇼핑리스트▼ 에 추가하기 ? 를 드래그하여 조립한 후, '10'에 대답 을 가져와 끼워 넣습니다.

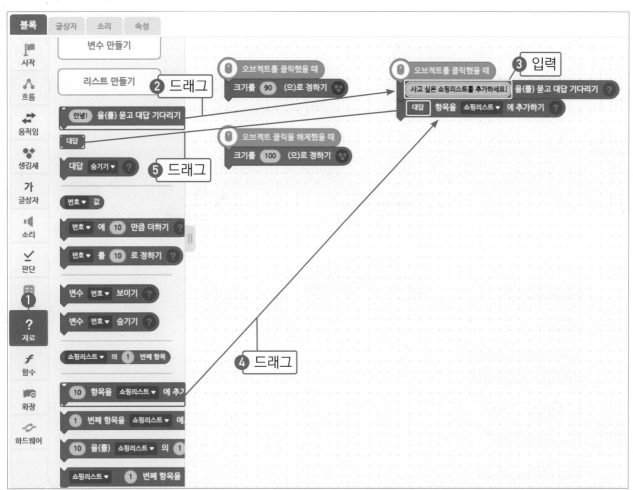

01 '추가하기' 오브젝트의 코드를 복사하여 '수정하기' 오브젝트에 모두 붙여넣기 합니다.

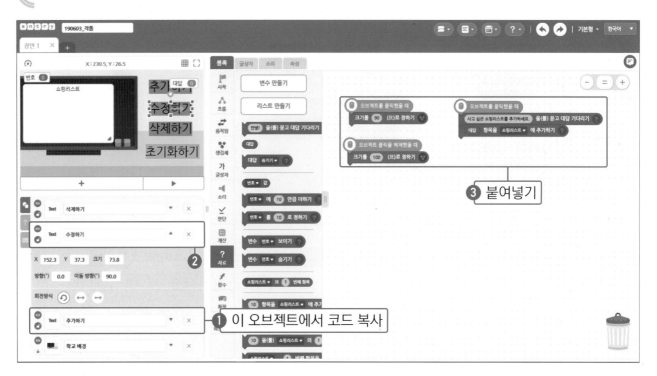

02 사고 싶은 쇼핑리스트를 추가하세요. 을(를) 묻고 대답 기다리기 ? 에서 '사고 싶은 쇼핑리스트를 추가하세요.'를 '수정할 쇼핑리스트 번호를 쓰세요.'로 수정한 후, 대답 항목을 쇼핑리스트 ▼ 에 추가하기 ? 를 마우스 오른쪽 버튼으로 클릭하여 [코드 삭제]를 선택합니다.

03 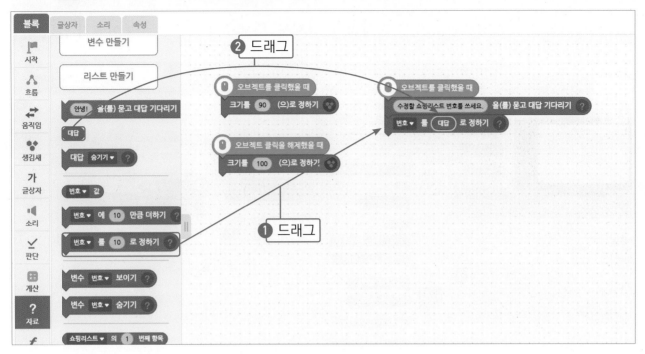 (자료) 블록 꾸러미에서 [번호▼ 를 10 로 정하기 ?]를 드래그하여 조립한 후 '10'에는
[대답]을 가져와 끼워 넣습니다.

04 [안녕! 을(를) 묻고 대답 기다리기 ?]를 드래그하여 조립한 후, '안녕'을 '무엇으로 바꿀까요?'로 변경합니다.

05 [쇼핑리스트▼ 1 번째 항목을 10 (으)로 바꾸기 ?]를 드래그하여 조립한 후 '1'에는 [번호▼ 값]을, '10'에는 [대답]을 가져와 끼워 넣습니다.

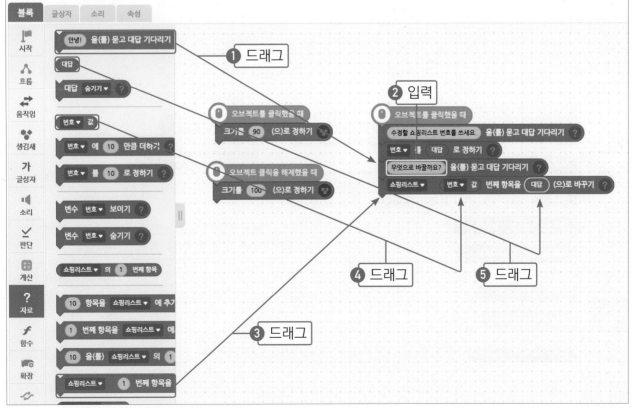

01 '추가하기' 오브젝트의 코드를 복사하여 '삭제하기' 오브젝트에 모두 붙여넣기 합니다.

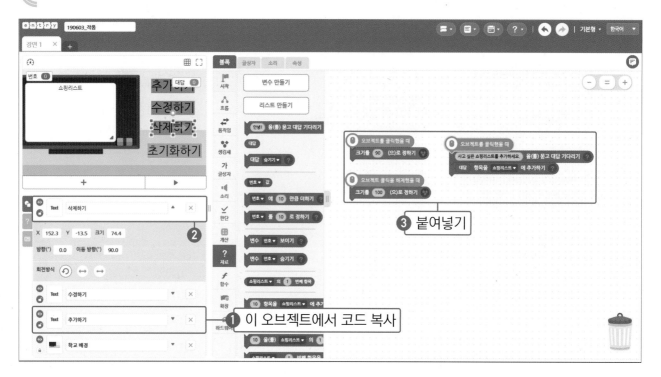

02 사고 싶은 쇼핑리스트를 추가하세요. 을(를) 묻고 대답 기다리기 에서 '사고 싶은 쇼핑리스트를 추가하세요.'를 '삭제할 번호를 쓰세요.'로 수정한 후, 대답 항목을 쇼핑리스트 ▾ 에 추가하기 를 마우스 오른쪽 버튼으로 클릭하고 [코드 삭제]를 선택합니다.

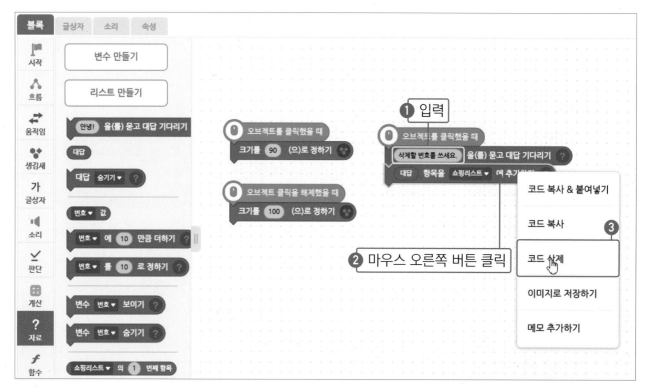

03 ?`자료` (자료) 블록 꾸러미에서 `1 번째 항목을 쇼핑리스트 ▾ 에서 삭제하기 ?`를 드래그하여 조립한 후 '1'
에는 `대답`을 가져와 끼워 넣습니다.

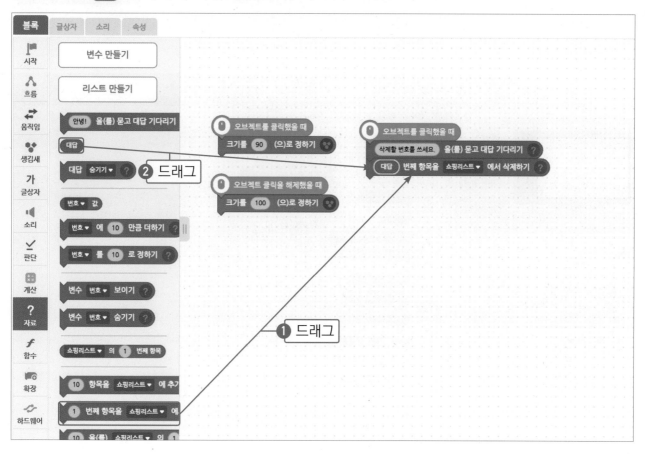

Step 06 초기화와 변수 숨기기

01 '초기화하기' 오브젝트를 선택한 후 `시작`(시작) 블록 꾸러미의 `오브젝트를 클릭했을 때` 와 `흐름`
(흐름) 블록 꾸러미의 `처음부터 다시 실행하기 ▲`를 드래그하여 블록 조립소에 다음과 같이
조립합니다.

02 실행 화면에 번호 창과 대답 창이 배경과 텍스트를 가리고 있습니다. 두 창을 숨기기 위해 '학교 배경' 오브젝트를 선택한 후, (시작) 블록 꾸러미의 ▶ 시작하기 버튼을 클릭했을 때 와 (자료) 블록 꾸러미의 대답 숨기기 ▼ ?, 변수 번호 ▼ 숨기기 ? 를 드래그하여 블록 조립소에 조립합니다.

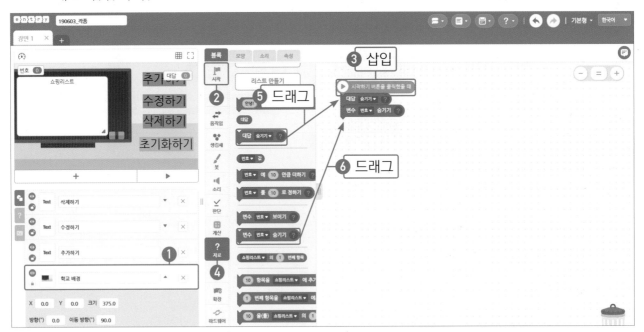

03 실행 화면에서 ▶(시작하기) 버튼을 클릭한 후, [추가하기]를 클릭하여 쇼핑 리스트를 추가해보고, [수정하기]를 클릭하여 수정할 쇼핑 리스트를 수정하고, [삭제하기]를 클릭하여 쇼핑 리스트 중에서 삭제해 봅니다. [초기화하기]를 클릭하여 첫 실행 화면의 모습으로 돌아가는 것도 확인해 봅니다.

04 작품 이름을 '쇼핑리스트'로 변경한 후, 오른쪽 상단 메뉴 중 [저장하기(💾▼)]-[저장하기]를 클릭하여 저장합니다.

1 다음 순서대로 오브젝트를 추가합니다.

- 오브젝트 추가 : 무대, 괴짜박사, 글상자
- 글상자 입력 내용-1 : 추가하기
- 글상자 입력 내용-2 : 결정하기
- 글상자 입력 내용-3 : 초기화하기

'추가하기'와 '결정하기' 글상자의 채우기 색은 동일하게, '초기화하기' 글상자의 채우기는 다른 색을 설정합니다.

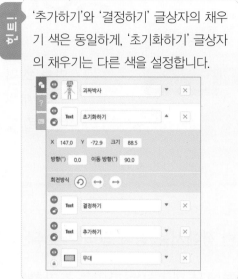

2 다음처럼 글상자 오브젝트를 클릭 시 신호를 보내도록 하고, 선택한 글상자에 따라 '괴짜박사' 오브젝트가 알맞은 말을 하도록 코딩해 봅니다.

- '추가하기', '결정하기', '초기화하기' 신호 추가하기
- '참가자리스트' 리스트 추가하기
- '추가하기' 오브젝트가 '추가하기' 신호를 보내면 '괴짜박사' 오브젝트는 '참가자 리스트를 작성하세요.'라고 말하고, 입력한 내용(대답)을 '참가자리스트' 항목에 추가하기
- '결정하기' 오브젝트가 '결정하기' 신호를 보내면 '참가자리스트' 창 숨기기
  - 만일 '참가자리스트'에 항목이 있을 때 : '괴짜박사' 오브젝트는 '당첨자가 결정됩니다!'라고 4초 동안 말하고 참가자 리스트 중에서 한 명을 무작위로 뽑아서 발표하기
  - 만일 '참가자리스트'에 항목이 없을 때 : '괴짜박사' 오브젝트는 '참가자를 추가하려면 [추가하기]를 누르세요.'라고 4초 동안 말하고 참가자 리스트 보이기
- '초기화하기' 오브젝트가 '초기화하기' 신호를 보내면 '괴짜박사' 오브젝트는 '초기화합니다!'라고 4초 동안 말한 후, 빈 참가자 리스트 보이기

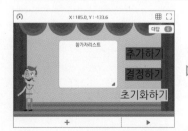 ▷  ▷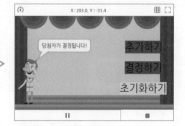

3 문제 [1]~[2]에서 만든 작품을 '복불복리스트'라는 이름으로 저장해 봅니다.

09 영어 단어 퀴즈

학습 포인트

● 외부 소리 파일 추가
● 소리 재생(1회)
● 텍스트 합치기 블록

이번 장에서는 영어 단어를 맞추는 퀴즈를 통해 엔트리에서 제공하는 파일뿐만 아니라

외부에서 제공하는 파일을 추가하는 방법에 대해 공부해 보도록 하겠습니다.

◎ 준비파일 : pilot.mp3, nurse.mp3, doctor.mp3, teacher.mp3, policeofficer.mp3

◎ 완성파일 : 영어단어.ent

Step 01 코딩할 실행 장면 계획 세우기

등장인물과 배경 추가하기	▶	모양과 소리 추가하기	▶	소리 재생하고 문제 말하기	▶

영어 소문자로 대답하면 정답인지, 오답인지 알려주기	▶	정답 맞추면 1문제당 20점 올리기	▶	모든 문제 출제 후 소리와 함께 점수 합계 말하기

Step 02 처음 보는 블록 살펴보기

블록 꾸러미	블록	설명
(소리)	소리 (pilot ▼) 재생하기	해당 오브젝트가 선택한 소리를 재생하는 동시에 다음 블록을 실행합니다.
(계산)	안녕! 과(와) 엔트리 를 합치기	입력한 두 값을 결합한 값입니다.

02 | 실력 다듬기 ▶ 코딩하기

Step 01 오브젝트 추가하기

01 '엔트리(🌐)'를 실행한 후, 오브젝트 목록에서 '엔트리 봇'의 ☒(삭제) 버튼을 클릭하여 '엔트리봇' 오브젝트를 삭제하고 ➕(오브젝트 추가하기) 버튼을 클릭합니다.

02 검색어(초원, 파일럿)를 입력해 '초원(2)'와 '파일럿 엔트리봇'을 찾아 선택한 후 [추가하기] 버튼을 클릭합니다.

Step 02 모양 추가하기

01 '파일럿 엔트리봇' 오브젝트가 선택되어 있는 상태에서 [모양] 탭의 [모양 추가하기] 버튼을 클릭합니다.

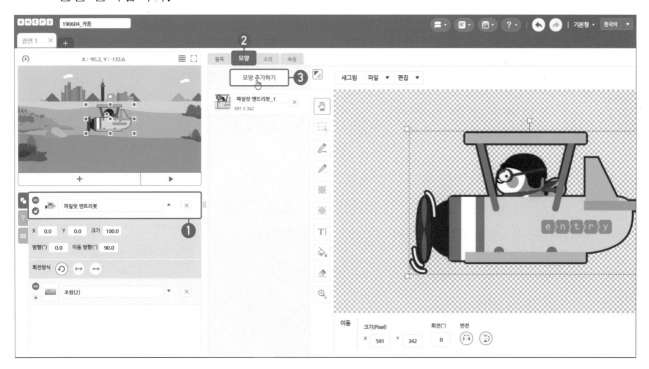

02 검색어(간호사, 의사, 선생님, 경찰)를 입력해 '간호사(1)_2', '의사(1)_2', '선생님(2)_1', '경찰(1)_2'를 찾은 후 [추가하기] 버튼을 클릭합니다.

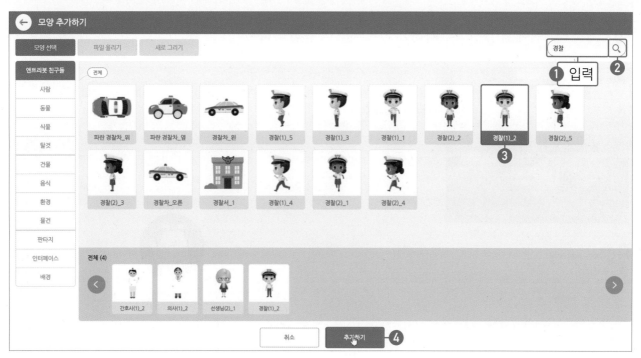

03 모양 목록에 모양이 추가되면 하나씩 클릭하여 확인해 봅니다. '간호사(1)_2' 모양을 선택하고 왼쪽 오브젝트 목록에서 '파일럿 엔트리봇'의 [크기]를 '60.0'으로 입력하여 크게 합니다. 모양 목록에서 '파일럿 엔트리봇_1'을 선택합니다.

오브젝트 목록의 [크기]에서 수치를 변경하면 [모양] 탭의 모든 크기가 한 번에 조절(확대 또는 축소)됩니다. 다만, 모든 모양이 입력된 수치로 동일하게 적용되는 것은 아닙니다.

01 [소리] 탭에서 [소리 추가하기] 버튼을 클릭합니다.

02 직접 파일을 올려서 불러오기 위해 [소리 추가하기]에서 [파일 올리기] 탭을 선택한 후 [파일 올리기]를 클릭합니다.

03 [열기] 대화상자에서 불러올 파일을 모두 선택한 후 [열기] 버튼을 클릭합니다.

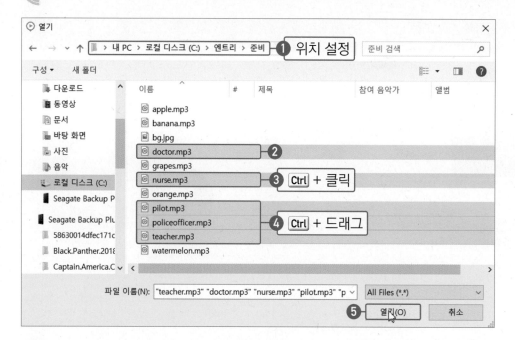

> **상식톡톡** 제공하는 준비 파일을 어디에 저장해 놓고 실습하느냐에 따라 위치 설정 경로가 교재의 그림과 다를 수 있습니다.

04 추가된 소리 파일이 선택되어 있음을 확인한 후 [추가하기] 버튼을 클릭합니다.

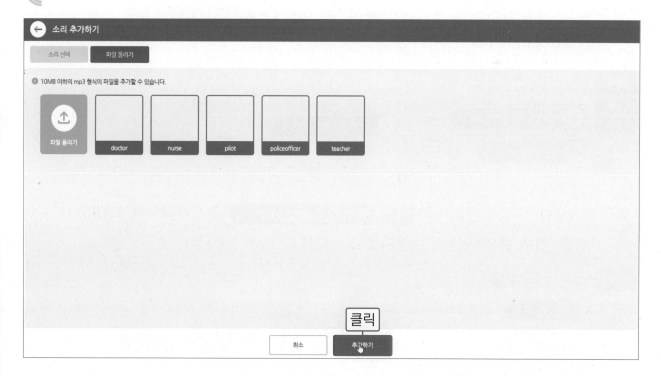

05 소리 목록에 추가한 소리 파일이 나타납니다.

Step 04 **모양에 맞는 소리 재생하기**

01 [블록] 탭을 클릭한 후 (시작) 블록 꾸러미의 ▶ 시작하기 버튼을 클릭했을 때 를 드래그하여 블록 조립소의 빈 곳으로 가져옵니다.

02 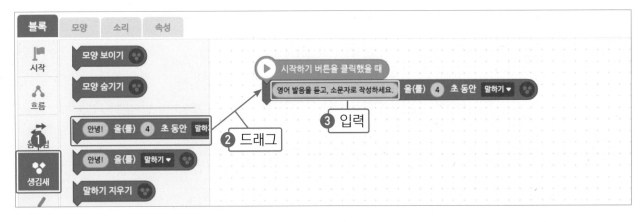(생김새) 블록 꾸러미의 안녕! 을(를) 4 초 동안 말하기 ▼ 를 드래그하여 조립합니다. '안녕!'을 '영어 발음을 듣고, 소문자로 작성하세요.'로 변경합니다.

03 (소리) 블록 꾸러미에서 [소리 doctor ▼ 재생하기] 를 드래그하여 조립한 후, 현재 선택되어 있는 모양이 '파일럿 엔트리봇_1'이므로 소리를 'pilot'으로 설정합니다.

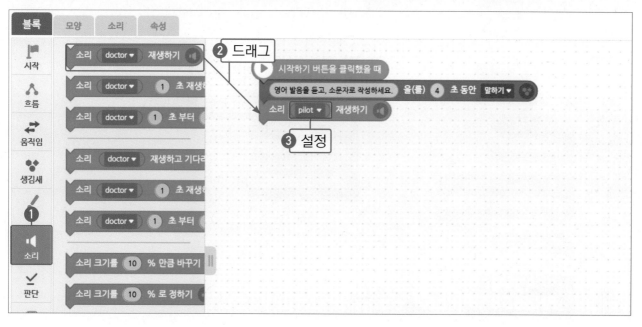

정답인지 오답인지 알려주기

01 (자료) 블록 꾸러미에서 [안녕! 을(를) 묻고 대답 기다리기] 를 드래그하여 조립한 후 '안녕!' 을 '나의 직업은 무엇일까요?'로 변경합니다.

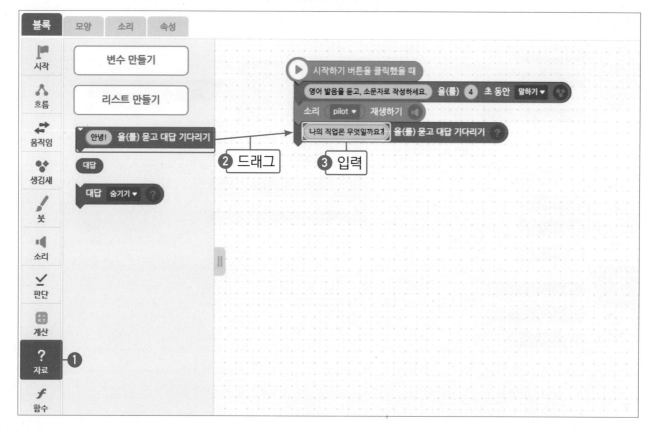

02 ⚲ (흐름) 블록 꾸러미의 [만일 참 이라면 ⚲ 아니면] 을 드래그하여 조립합니다.

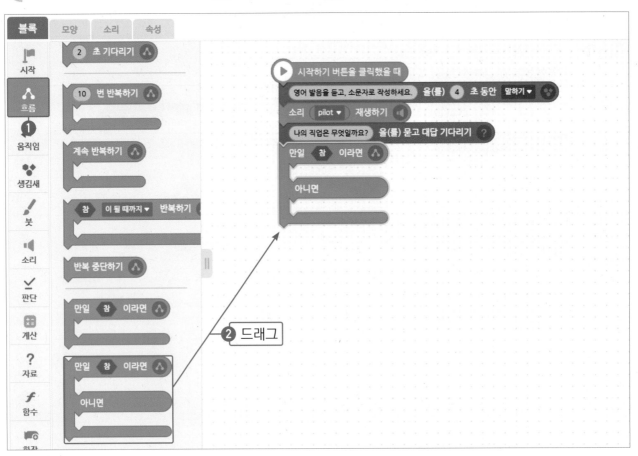

03 [만일 참 이라면 ⚲]의 '참' 부분에 ☑ (판단) 블록 꾸러미의 ⟨10 = 10⟩를 끼워 넣습니다.

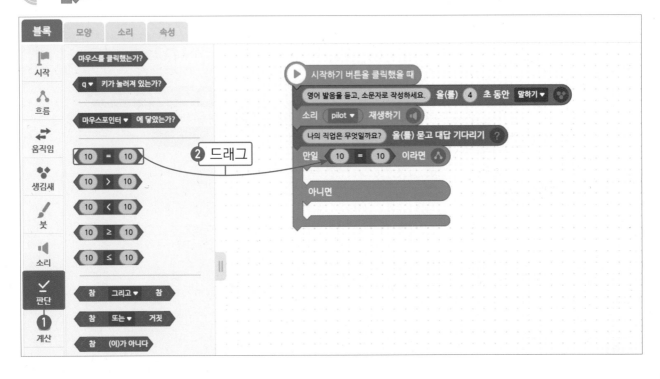

04 ![10 = 10]의 앞쪽 '10'에 ![?자료] (자료) 블록 꾸러미의 ![대답]을 끼워 넣고, 뒤쪽 '10'에는 대답과 비교할 정답인 단어 'pilot'을 입력합니다.

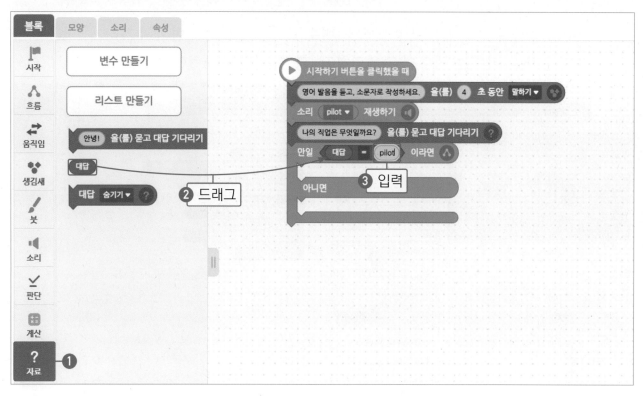

05 ![생김새] (생김새) 블록 꾸러미에서 ![안녕! 을(를) 4 초 동안 말하기]를 드래그하여 ![만일 참 이라면] 안에 조립한 후 '안녕!'을 '정답입니다!'라고 변경하고, '4'초는 '2'초로 변경합니다.

06 다시 ![안녕! 을(를) 4 초 동안 말하기]를 드래그하여 ![아니면] 안에 조립한 후 '안녕!'을 '틀렸습니다!'라고 변경하고, '4'초는 '2'초로 변경합니다.

07 다음 퀴즈를 풀려면 모양을 변경해야 되므로 ![다음 모양으로 바꾸기]를 드래그하여 블록 마지막에 조립합니다.

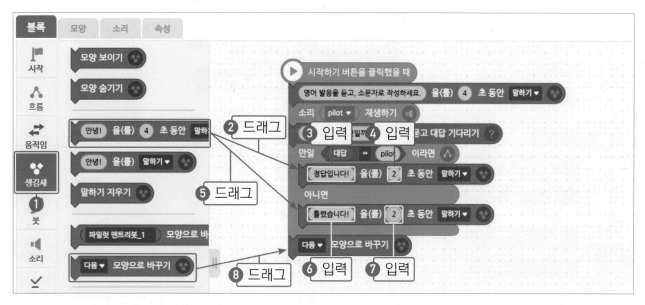

01 변수를 추가하기 위해 [속성] 탭에서 [변수]를 선택합니다. [변수 추가하기] 버튼을 클릭한 후 변수 이름에 '점수'라고 입력하고 [확인] 버튼을 클릭합니다.

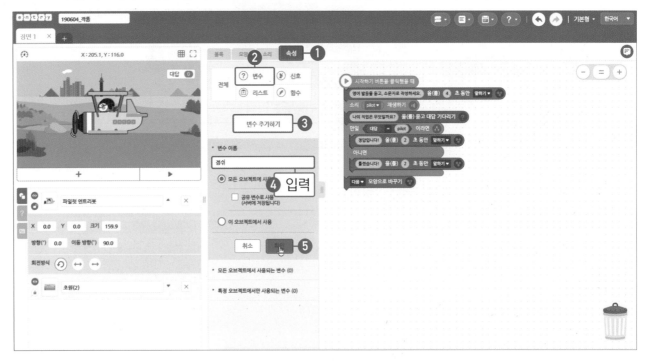

02 정답일 때마다 점수를 20점씩 오르게 하기 위해 [블록] 탭을 클릭한 후 ? (자료) 블록 꾸러미에서 점수▼ 에 10 만큼 더하기 ? 를 드래그하여 정답입니다! 을(를) 2 초 동안 말하기▼ 아래에 조립한 후 '10'은 '20'으로 변경합니다.

01 소리 pilot▼ 재생하기 🔊 를 마우스 오른쪽 버튼으로 클릭하여 [코드 복사 & 붙여넣기]를 선택합니다.

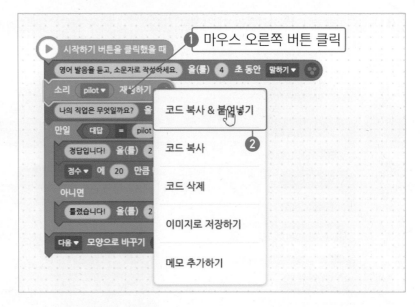

02 코드가 복제되어 나타나면 복제된 코드를 아래쪽에 조립합니다. 두 번째 모양이 '간호사(1)_2'이므로, 복제된 코드에서 소리 pilot▼ 재생하기 🔊 의 'pilot'을 'nurse'로 변경하고, 대답 = pilot 의 'pilot'도 'nurse'로 변경합니다.

03 01~02와 같은 방법으로 코드를 복제하여 모양에 맞는 소리와 영어 단어로 변경합니다. 즉 의사에 맞는 영어 발음과 'doctor', 선생님에 맞는 영어 발음과 'teacher', 경찰관에 맞는 영어 발음과 'police officer'로 각각 코드를 변경합니다.

01 (흐름) 블록 꾸러미의 만일 참 이라면 / 아니면 을 드래그하여 조립합니다.

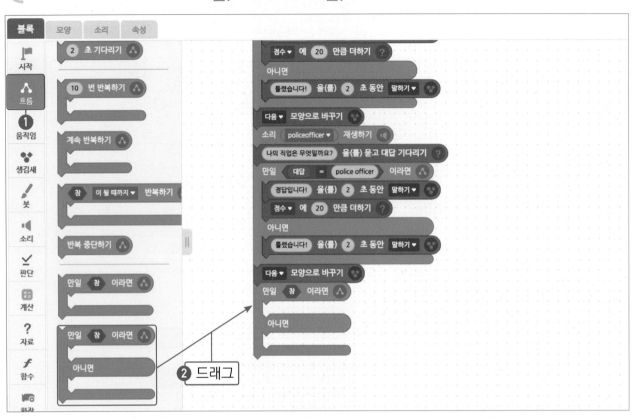

02 만일 참 이라면 의 '참' 부분에 (판단) 블록 꾸러미의 10 ≥ 10 를 끼워 넣습니다.

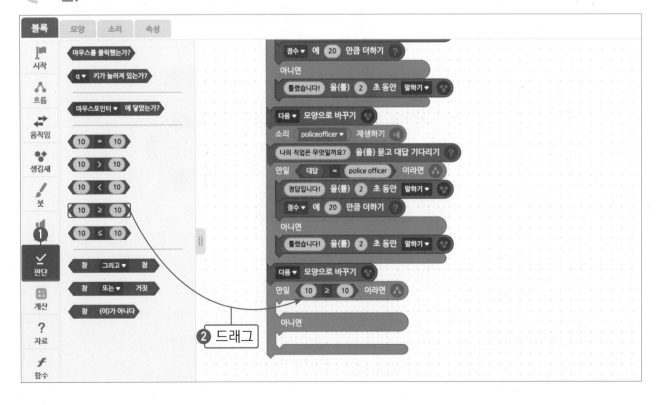

03 $10 \geq 10$ 의 앞쪽 '10'에는 ?자료 (자료) 블록 꾸러미의 점수▾ 값 을 끼워 넣고, 뒤쪽 '10'에는 퀴즈 통과 기준 점수인 '80'을 입력합니다.

04 [소리] 탭에서 [소리 추가하기] 버튼을 클릭합니다.

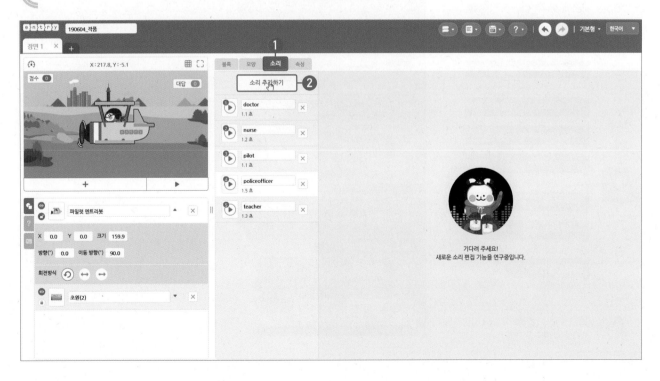

05 [소리 추가하기]에서 '박수갈채'와 '놀라는소리'를 선택한 후 [추가하기] 버튼을 클릭합니다.

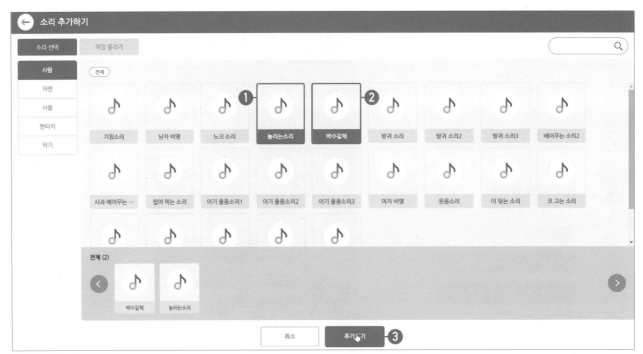

06 [블록] 탭에서 (소리) 블록 꾸러미의 `소리 doctor▼ 1 초 재생하기` 를 드래그하여 `만일 참 이라면` 안으로 조립하고 'doctor'는 '박수갈채'로, '1'초는 '2'초로 변경합니다.

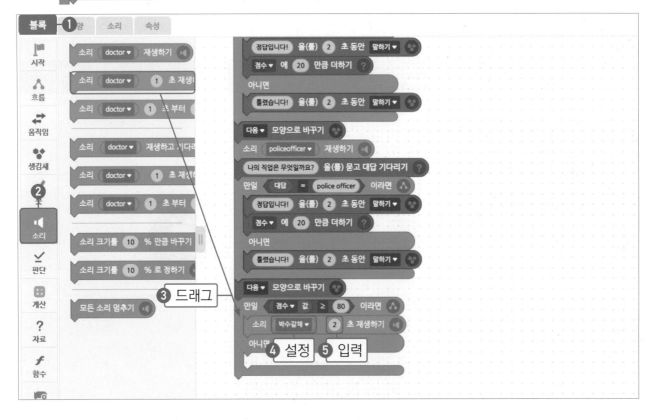

07 🐥(생김새) 블록 꾸러미의 [안녕! 을(를) 4 초 동안 말하기 ▼ 🐥]를 [소리 박수갈채 ▼ 2 초 재생하기 🔊] 아래로 드래그하여 조립합니다.

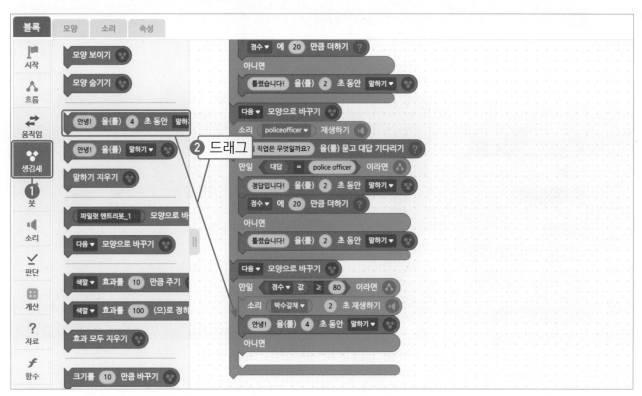

08 퀴즈를 끝마쳤을 때 수고 인사와 최종 점수를 합쳐서 말풍선으로 표시하기 위해 🔢(계산) 블록 꾸러미의 [안녕! 과(와) 엔트리 를 합치기]를 드래그하여 [안녕! 을(를) 4 초 동안 말하기 ▼ 🐥]의 '안녕!'에 끼워 넣고, [안녕! 과(와) 엔트리 를 합치기]를 하나 더 드래그하여 조립된 [안녕! 과(와) 엔트리 를 합치기 을(를) 4 초 동안 말하기 ▼ 🐥]의 '엔트리'에 끼워 넣습니다.

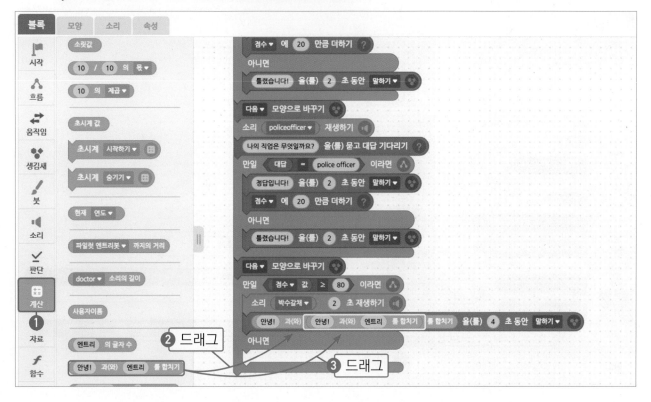

09 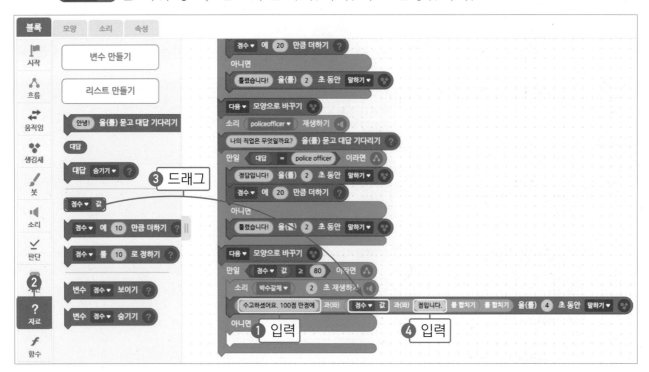 에서 앞쪽 '안녕!'은 '수고하셨어요. 100점 만점에'라고 변경합니다. 두 번째 '안녕!'에는 _{자료} (자료) 블록 꾸러미의 점수▼ 값 을 끼워 넣고, '엔트리'는 '점입니다.'라고 변경합니다.

10 소리 박수갈채▼ 2 초 재생하기 를 선택한 후 Ctrl + C 키를 눌러 코드를 복사합니다. Ctrl + V 키를 눌러 붙여넣은 후 아니면 안으로 조립합니다. '박수갈채'는 '놀라는소리'로 변경하고, '수고하셨어요. 100점 만점에' 부분은 '아쉽네요. 100점 만점에'라고 변경합니다.

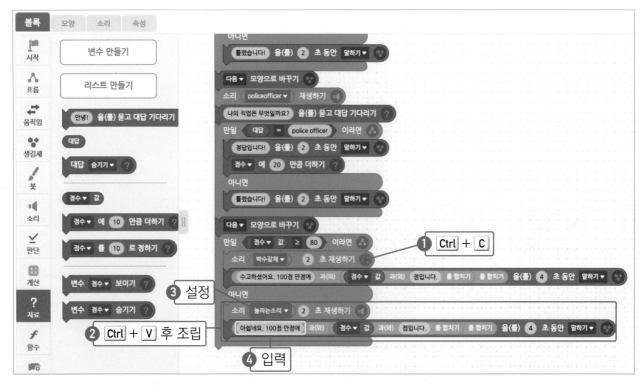

11 실행 화면의 점수 창과 대답 창은 왼쪽 아래로 옮깁니다.

12 실행 화면에서 ▶(시작하기) 버튼을 클릭하여 영어 퀴즈를 풀어보고, 점수가 몇 점이 나오는지, 소리는 잘 재생되는지 확인해 봅니다.

13 작품 이름을 '영어단어'로 변경한 후, 오른쪽 상단 메뉴 중 [저장하기(💾▾)]−[저장하기]를 클릭하여 저장합니다.

실력 다지기

1 다음 순서대로 오브젝트를 추가해 봅니다.

> • 오브젝트 추가 : 음식 나라, 사과(1), 감자, 수박, 바나나(2), 오렌지

2 다음처럼 시작하기 버튼을 클릭했을 때 2초 동안 글상자가 보인 후 사라지고, 배치된 오브젝트 클릭했을 때는 영어 발음이 들리면서 말풍선이 표시되도록 코딩해 봅니다.

> • 오브젝트 추가 : 글상자
> • 글상자 입력 내용 : 과채소를 클릭하여 영어 이름을 맞춰 보세요.
> • 소리 파일 추가 : apple.mp3, banana.mp3, watermelon.mp3, orange.mp3, potato.mp3
> • 오브젝트를 클릭했을 때 각 오브젝트에 맞는 소리 파일 재생하고, '내 이름을 영어 소문자로 입력하세요.'라는 말풍선 표시하고 대답 기다리기
> • 소문자로 입력하여 맞히면 '정답입니다!'라고 2초 동안 표시하고, 틀리면 '땡! 틀렸습니다.'라고 2초 동안 표시하기

 ▷ 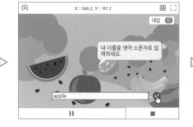 ▷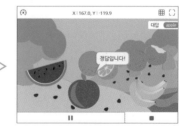

3 문제 [1]~[2]에 만든 작품을 '과채소이름'이라는 이름으로 저장해 봅니다.

재미있는 미술 수업

학습 포인트

- 외부 오브젝트 추가
- 장면 추가
- 다른 장면으로 자동 전환
- 붓의 굵기 및 색상 블록
- 그리기 시작 및 멈추기 블록
- 모든 붓 지우기 블록

이번 장에서는 그림판 프로그램을 직접 만들어보는 예제를 통해 [붓] 블록 꾸러미를 활용

하고 외부 오브젝트를 가져오는 방법 및 장면을 추가하고 전환하는 방법에 대해 공부해

보도록 하겠습니다.

⊙ 준비파일 : bg.jpg

⊙ 완성파일 : 그림판.ent

Step 01 코딩할 실행 장면 계획 세우기

| '장면 1'에 배경과 글상자 추가하기 | ▷ | '장면 2' 생성하기 | ▷ | '장면 1'에서 '장면 2'로 자동 전환되도록 설정하기 | ▷ |

| '장면 2'에 연필과 물감, 지우개, 버튼 추가하기 | ▷ | 선 굵기 조정 버튼 만들기 | ▷ | 여러 색깔 물감 만들기 | ▷ |

| 그림 한꺼번에 지우는 지우개 버튼 만들기 |

Step 02 처음 보는 블록 살펴보기

블록 꾸러미	블록	설명
(시작)	장면이 시작되었을때	장면이 시작되면 아래에 연결된 블록들을 실행합니다.
	장면 1 ▼ 시작하기	선택한 장면을 시작합니다.
(붓)	그리기 시작하기	오브젝트의 중심점이 기준이 되어 오브젝트가 이동하는 경로를 따라 선 그리는 것을 시작합니다.
	그리기 멈추기	오브젝트가 이동하는 경로를 따라 선 그리는 것을 멈춥니다.
	붓의 색을 ■ (으)로 정하기	오브젝트가 그리는 선의 색을 지정합니다.
	붓의 굵기를 1 (으)로 정하기	오브젝트가 그리는 선의 굵기를 입력한 값으로 정합니다 (굵기의 설정 값이 '1' 이하인 경우에는 모두 '1'로 처리합니다.).
	모든 붓 지우기	해당 오브젝트가 그린 선과 도장을 모두 지웁니다.

Step 01　외부 오브젝트 추가하기

01 '엔트리(▶)'를 실행한 후, 오브젝트 목록에서 '엔트리봇'의 ✕(삭제) 버튼을 클릭하여 '엔트리 봇' 오브젝트를 삭제하고 ➕(오브젝트 추가하 기) 버튼을 클릭합니다.

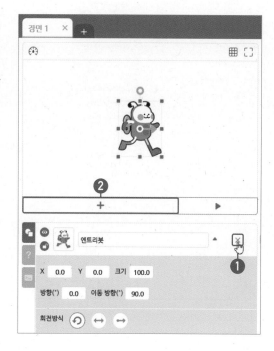

02 [오브젝트 추가하기]에서 [파일 올리기] 탭을 선택한 후 [파일 올리기]를 클릭합니다.

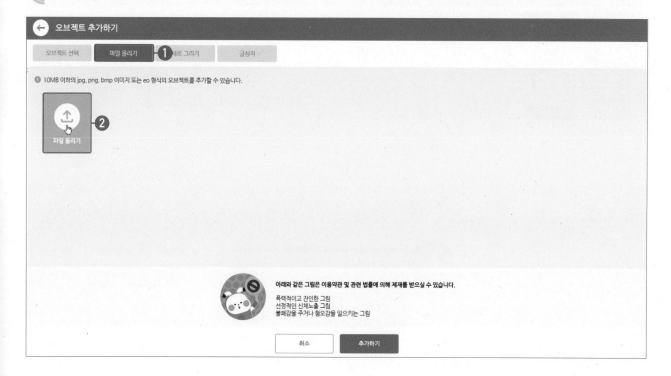

03 [열기] 대화상자에서 'bg.jpg'를 찾아 선택한 후 [열기] 버튼을 클릭합니다.

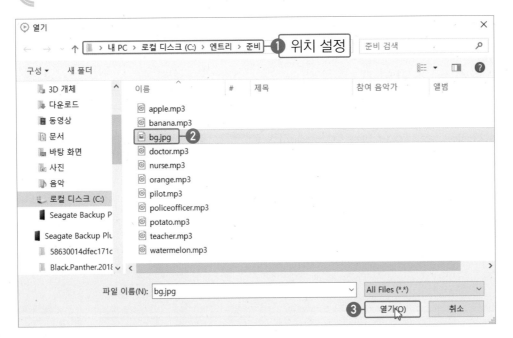

제공하는 준비 파일을 어디에 저장해 놓고 실습하느냐에 따라 위치 설정 경로가 교재의 그림과 다를 수 있습니다.

04 불러온 파일이 선택되어 있음을 확인한 후 [추가하기] 버튼을 클릭합니다.

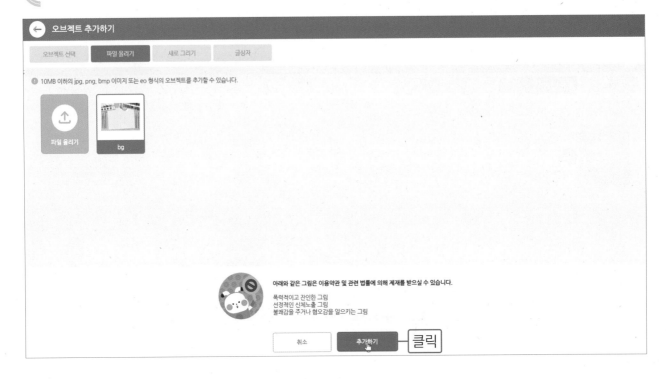

05 'bg' 오브젝트의 크기 조절점을 드래그하여 실행 화면에 꽉 찰 때까지 드래그합니다.

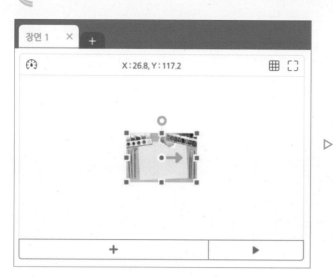 ▷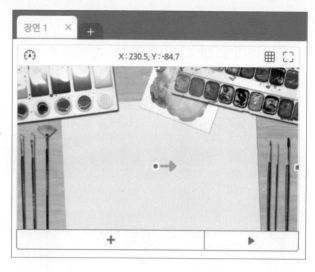

Step 02 글상자 추가하기

01 글상자를 추가하기 위해 ⊞(오브젝트 추가하기) 버튼을 클릭합니다.

02 [오브젝트 추가하기]에서 [글상자] 탭을 클릭하고, '나만의 그림판'이라고 입력합니다.
글상자 배경색을 투명하게 설정하기 위해 도구 모음에서 ◈ˌ(채우기 색상)을 클릭한
후, □을 클릭하여 ◹(채우기 없음)으로 설정하고 [적용하기] 버튼을 클릭합니다.

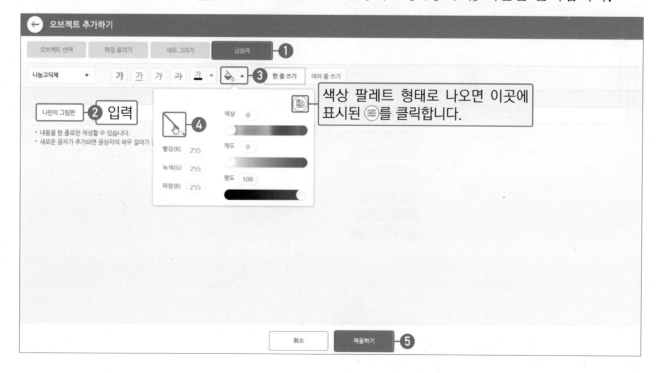

01 실행 화면 위의 ⊕ 를 클릭하여 '장면 2'를 추가합니다.

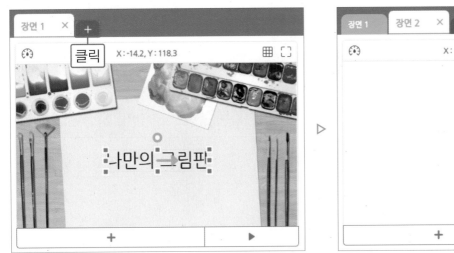

02 '장면 1'에서 '장면 2'로 자동 전환될 수 있게 [장면 1] 탭의 'bg' 오브젝트를 선택한 후 (시작) 블록 꾸러미에서 ▶ 시작하기 버튼을 클릭했을 때 와 장면 1 ▾ 시작하기 ▶ 를 블록 조립소로 드래그하여 조립합니다. 장면 1 ▾ 시작하기 ▶ 의 '장면 1'을 '장면 2'로 변경합니다.

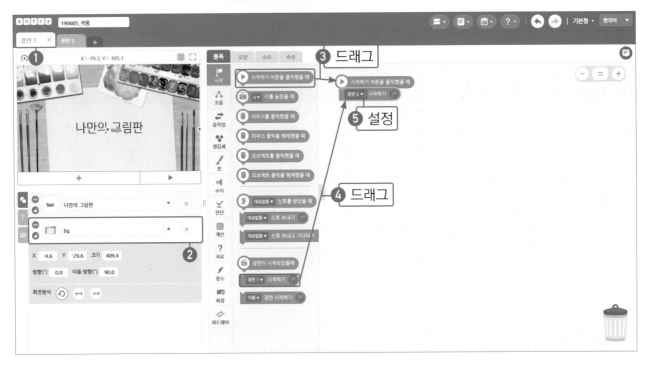

03 시작하기 버튼을 클릭한 후 2초 뒤에 '장면 2'로 전환되도록 [흐름] (흐름) 블록 꾸러미에서 [2 초 기다리기] 를 드래그하여 [시작하기 버튼을 클릭했을 때] 아래에 조립합니다.

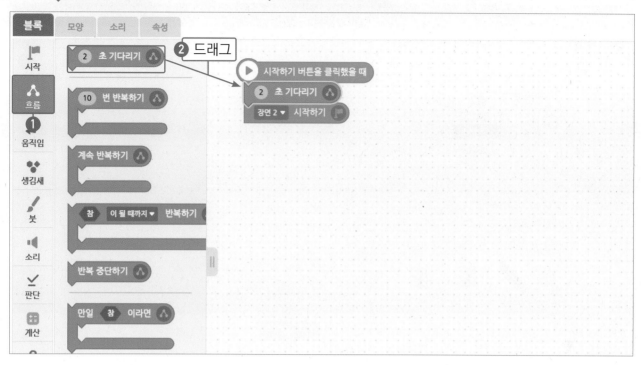

Step 04 | '장면 2'에 오브젝트 추가하기

01 실행 화면 상단의 [장면 2] 탭을 클릭한 후 오브젝트를 추가하기 위해 [+](오브젝트 추가하기) 버튼을 클릭합니다.

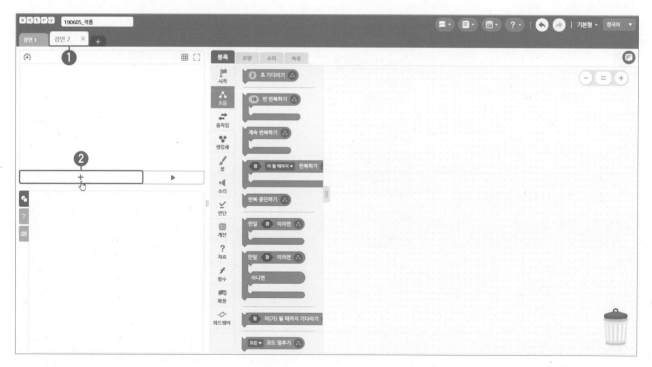

02 검색어(연필, 버튼, 물감, 지우개)를 입력해 '연필(1)', '버튼(2)', '물감', '지우개 버튼'을 찾아 선택한 후 [추가하기] 버튼을 클릭하여 오브젝트를 추가합니다.

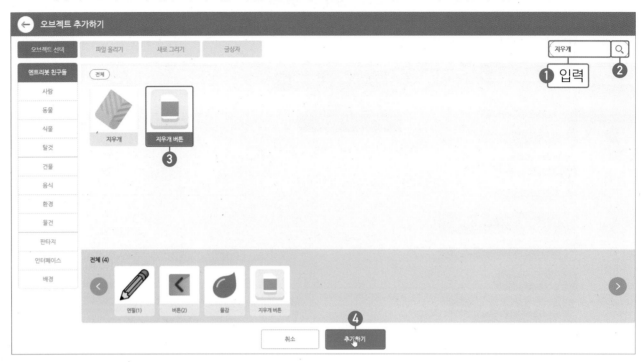

03 '장면 2'에 오브젝트가 추가되었습니다. 각각의 오브젝트를 다음처럼 위치와 크기를 조절합니다.

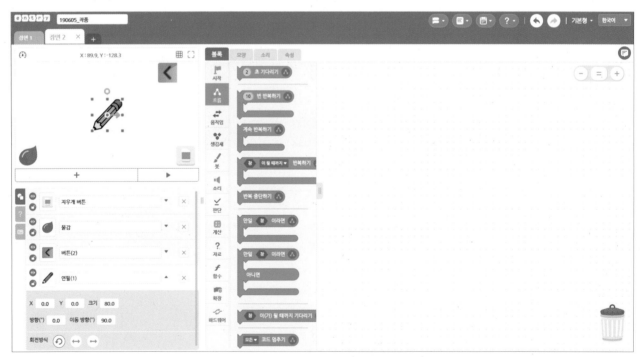

04 오브젝트 목록의 '버튼(2)' 오브젝트를 마우스 오른쪽 버튼으로 클릭한 후 [복제]를 선택합니다.

05 오브젝트 목록에 '버튼(2)1'이라는 이름의 오브젝트가 추가됩니다. '버튼(2)' 오브젝트의 이름은 '얇게', '버튼(2)1' 오브젝트의 이름은 '굵게'로 변경합니다. 실행 화면에서 '굵게'를 오른쪽으로 드래그하여 옮긴 후 [모양] 탭에서 '버튼(2)_앞으로'를 선택하여 모양을 변경합니다. 오브젝트 목록에서 '굵게' 오브젝트의 섬네일을 드래그하여 '얇게' 오브젝트 위로 순서를 변경합니다.

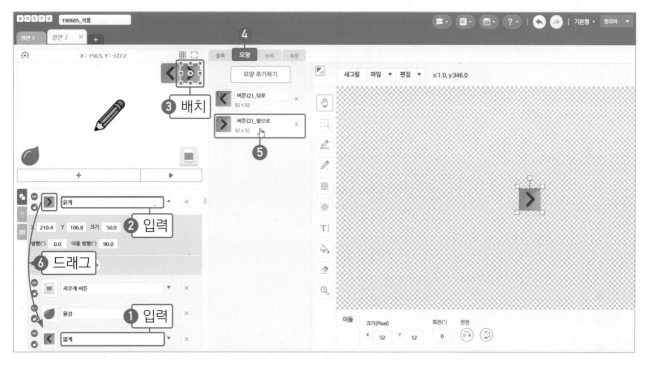

06 04~05와 같은 방법으로 '물감' 오브젝트도 3개 복제하여 다음과 같이 오브젝트의 이름과 모양을 변경하고, 위치도 조정합니다.

Step 05 선 굵기와 색깔 변수 추가하기

01 [속성] 탭에서 [변수]를 선택한 후, [변수 추가하기] 버튼을 클릭합니다. 변수 이름을 '선굵기'라고 입력하고 [확인] 버튼을 클릭합니다.

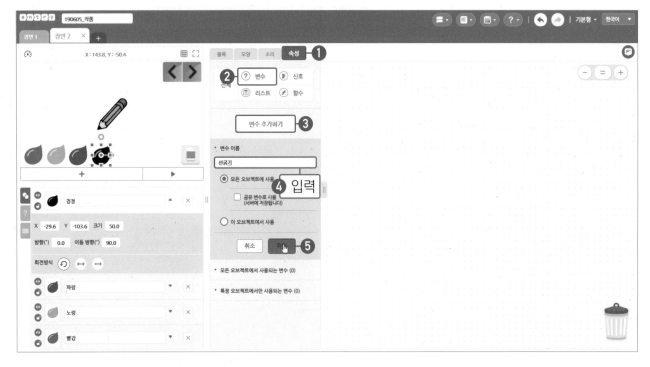

02 [변수 추가하기] 버튼을 클릭하고 변수 이름에 '색깔'을 입력한 후 [확인] 버튼을 클릭하여 변수를 하나 더 추가합니다.

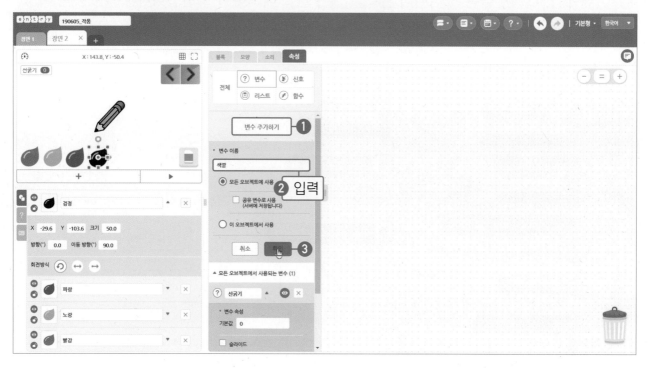

• • • •

Step 06 연필로 그리기 설정하기

01 '연필(1)' 오브젝트를 선택한 후 [블록] 탭을 클릭합니다. (시작) 블록 꾸러미에서 장면이 시작되었을때 , 마우스를 클릭했을 때 , 마우스 클릭을 해제했을 때 를 각각 블록 조립소의 빈 곳으로 드래그하여 가져옵니다.

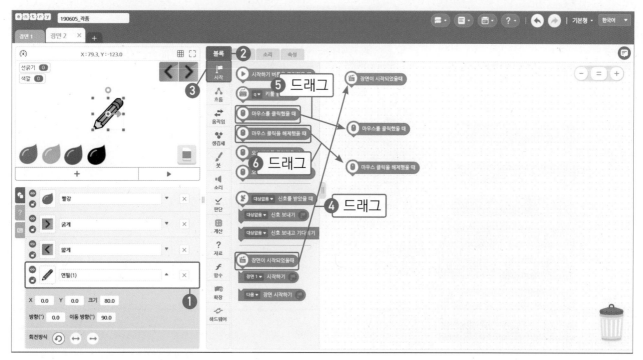

02 연필이 마우스 포인터를 계속 따라오게 하기 위해 블록 조립소의  아래에 (흐름) 블록 꾸러미의 계속 반복하기 를 드래그하여 조립합니다.

03 계속 반복하기 안에는 (움직임) 블록 꾸러미의 지우개 버튼 위치로 이동하기 를 조립합니다. '지우개 버튼'을 '마우스포인터'로 변경합니다.

04 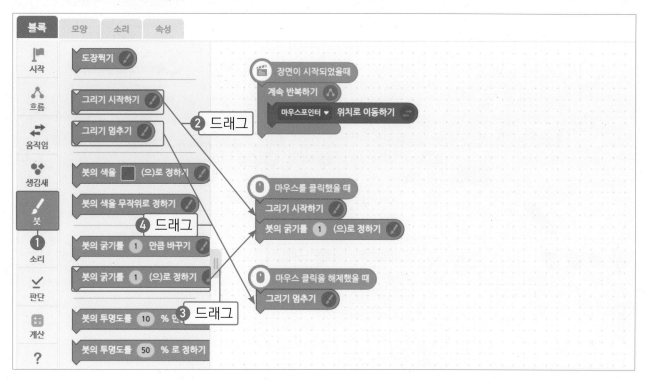 (붓) 블록 꾸러미에서 그리기 시작하기 와 붓의 굵기를 1 (으)로 정하기 를 드래그하여 마우스를 클릭했을 때 아래에 조립하고, 그리기 멈추기 를 드래그하여 마우스 클릭을 해제했을 때 아래에 조립합니다.

05 선 굵기 값에 따라 연필의 굵기를 정하기 위해 ? (자료) 블록 꾸러미에서 색깔 ▼ 값 을 드래그하여 붓의 굵기를 1 (으)로 정하기 의 '1'에 끼워 넣은 후 '색깔'은 '선굵기'로 변경합니다.

01 '굵게' 오브젝트를 선택하고 🏳(시작) 블록 꾸러미의 오브젝트를 클릭했을 때 를 블록 조립소의 빈 곳으로 가져온 후, ?(자료) 블록 꾸러미의 색깔▼ 에 10 만큼 더하기 를 드래그하여 조립합니다. '색깔'은 '선굵기'로, '10'은 '1'로 변경합니다. 오브젝트를 클릭했을 때 를 클릭한 후, 코드를 복사합니다.

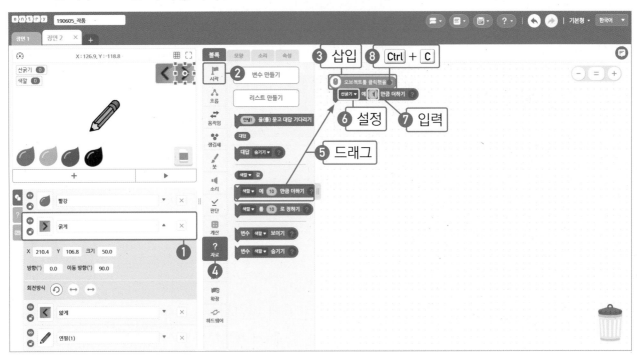

02 '얇게' 오브젝트에서 코드를 붙여넣고 '1'은 '−1'로 수정합니다.

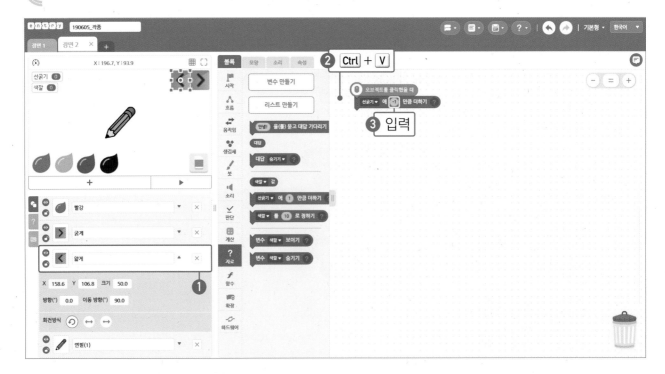

03 선의 굵기가 '0' 아래로 음수가 되면 '0'으로 고정되도록 하기 위해 먼저 ⚙(흐름) 블록 꾸러미의 [만일 참 이라면 ⚙]을 드래그하여 조립합니다.

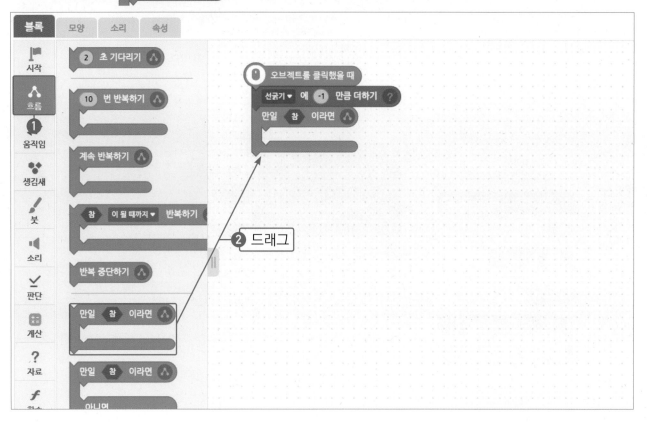

04 [만일 참 이라면 ⚙]의 '참'에는 ✓(판단) 블록 꾸러미의 ⟨10 < 10⟩를 끼워 넣습니다.

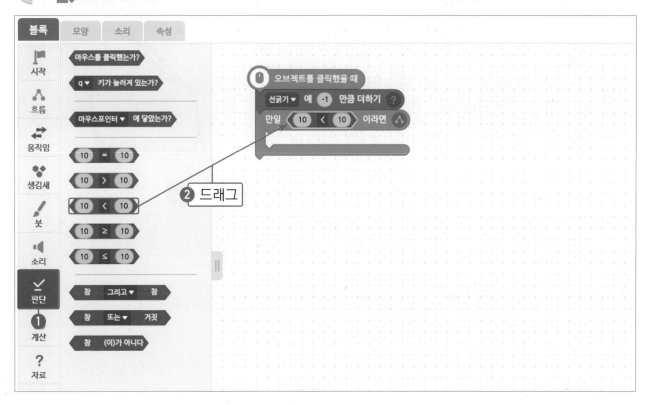

05 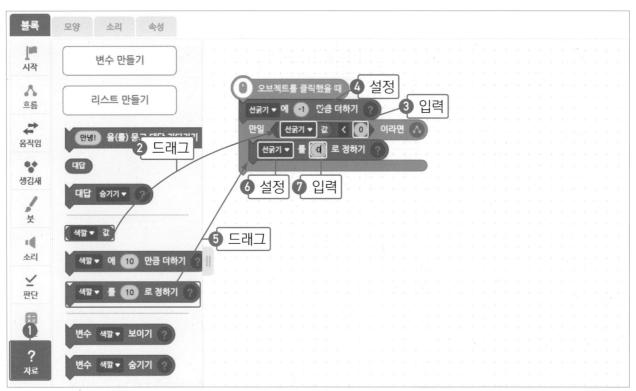 ⟨ 10 < 10 ⟩ 의 앞쪽 '10'에는 ？(자료) 블록 꾸러미의 ⟨ 색깔▼ 값 ⟩을 끼워 넣고, 뒤쪽 '10'은 '0'으로 설정합니다. 끼워 넣은 ⟨ 색깔▼ 값 ⟩의 '색깔'은 '선굵기'로 변경합니다.

⟨ 색깔▼ 를 10 로 정하기 ？ ⟩를 드래그하여 ⟨ 만일 ⟨ 선굵기▼ 값 < 0 ⟩ 이라면 ⟩ 안에 조립한 후, '색깔'은 '선굵기'로, '10'은 '0'으로 설정합니다.

06 실행 화면의 [장면 1] 탭을 선택하고 ▶ (시작하기) 버튼을 클릭하면 자동으로 '장면 2'로 전환됩니다. 굵기를 조정하면서 그림을 그려 보면 연필 중간에서 그려지는 것을 확인할 수 있습니다. ■(정지하기) 버튼을 클릭해 재생을 중단합니다.

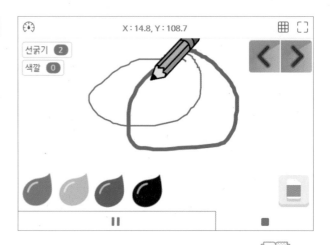

잠깐 선 굵기는 설정 값이 1 이하인 경우 1로 처리하기 때문에 선 굵기가 '1'인 상태로 그려집니다. 그러므로, ＞ 를 처음 클릭하여 선 굵기가 '0'에서 '1'로 변경되어도 변화가 없으니 이 점을 알고 확인해보도록 합니다.

07 연필 끝(연필 심 부분)으로 선이 그려져야 자연스러우므로 연필의 중심점을 연필심쪽으로 드래그하여 변경합니다.

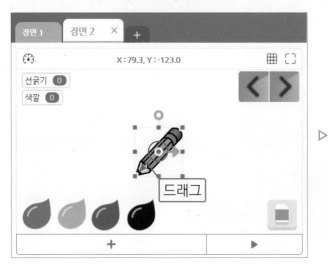

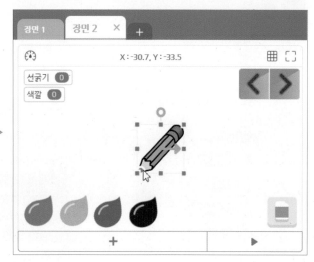

Step 08 물감 클릭 시 색깔 변경하기

01 물감이 4종류이므로 4번의 비교가 필요합니다. 먼저 '연필(1)' 오브젝트의 마우스를 클릭했을 때 의 코드 맨 아래에 (흐름) 블록 꾸러미의 만일 참 이라면 을 드래그하여 조립합니다.

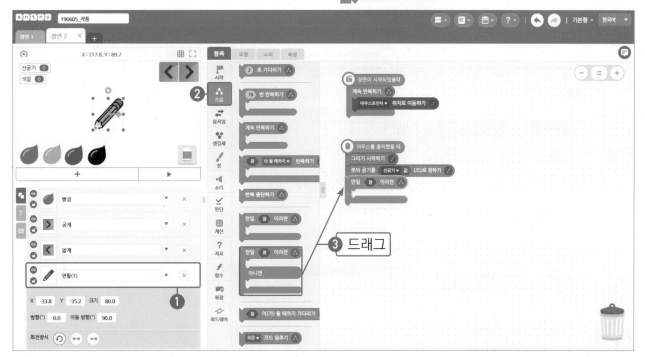

02 만일 참 이라면 ⚠ 의 '참'에는 ✓(판단) 블록 꾸러미의 10 = 10 를 끼워 넣습니다.

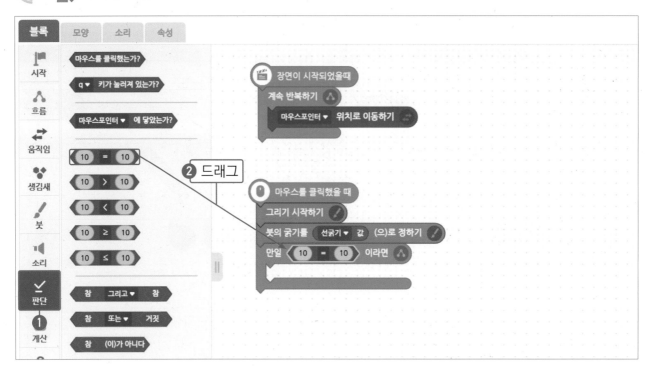

03 10 = 10 의 앞쪽 '10'에는 ?(자료) 블록 꾸러미의 색깔 ▼ 값 을 드래그하여 끼워 넣고, 뒤쪽 '10'은 '1'로 변경합니다.

색깔 변수의 숫자가 '1'일 때는 빨강으로, '2'일 때는 노랑, '3'일 때는 파랑, '4'일 때는 검정으로 만들기 위해 조건 블록과 판단 블록을 사용하여 코딩합니다.

04 색깔의 변수 숫자값이 정해졌으면 색상을 지정해주기 위해 [만일 색깔▼ 값 = 1 이라면] 안에 [붓의 색을 ■ (으)로 정하기] 를 드래그하여 조립합니다. 붓의 색 부분을 클릭하면 색상을 지정할 수 있는데, 현재 지정된 색이 빨간색이라서 '빨강(R):255 녹색(G):0 파랑(B):0'로 지정되어 있습니다.

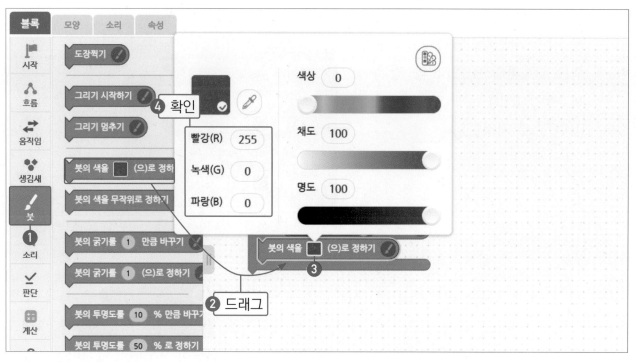

05 [만일 색깔▼ 값 = 1 이라면] 을 클릭하여 코드를 복사한 후 붙여넣고, 복사된 블록을 다음과 같이 맨 아래에 조립합니다. 아래쪽 [만일 색깔▼ 값 = 1 이라면] 의 '1'은 '2'로 변경하고, [붓의 색을 ■ (으)로 정하기] 의 색 부분을 클릭하여 노란색 '빨강(R):255 녹색(G):255 파랑(B):0'으로 지정합니다.

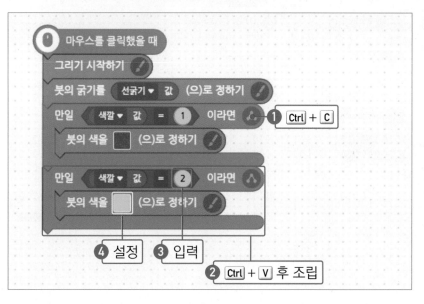

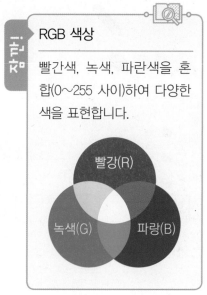

RGB 색상

빨간색, 녹색, 파란색을 혼합(0~255 사이)하여 다양한 색을 표현합니다.

06 05와 같은 방법으로 코드를 두 개 더 복제하여 조립한 후 만일 〈 색깔▼ 값 = ① 〉이라면 의 '1'은 각각 '3'과 '4'로 변경하고, 붓의 색을 ■ (으)로 정하기 의 색 부분은 각각 파란색 '빨강(R):0 녹색(R):0 파랑(B):255'와 검은색 '빨강(R):0 녹색(R):0 파랑(B):0'으로 지정합니다.

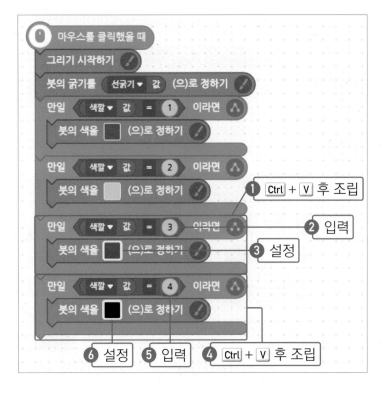

07 '빨강' 오브젝트를 선택하고 ▣(시작) 블록 꾸러미의 오브젝트를 클릭했을 때 를 블록 조립소의 빈 곳으로 가져온 후, ▣(자료) 블록 꾸러미의 색깔▼ 를 ⑩ 로 정하기 를 드래그하여 조립합니다. 빨강은 '1'이므로, 색깔▼ 를 ⑩ 로 정하기 의 '10'을 '1'로 변경합니다. 오브젝트를 클릭했을 때 를 클릭한 후 코드를 복사합니다.

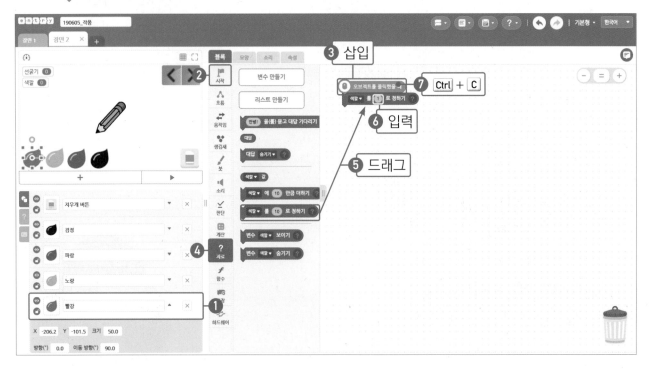

08 '노랑', '파랑', '검정' 오브젝트에 코드를 각각 붙여넣고, 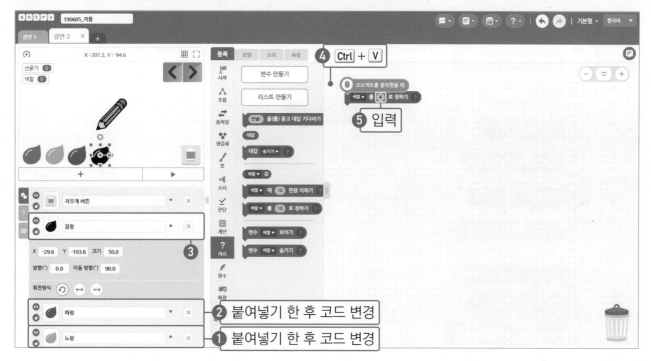 색깔▼ 를 ① 로 정하기 ? 의 '1'을
노랑은 '2'로, 파랑은 '3'으로, 검정은 '4'로 변경합니다.

Step 09 | 지우개 버튼 클릭 시 모두 지우기

01 '지우개 버튼' 오브젝트를 선택한 후 [속성] 탭에서 [신호]를 선택하고, [신호 추가하기]
버튼을 클릭합니다. 신호 이름을 '지우개'라고 입력한 후 [확인] 버튼을 클릭합니다.

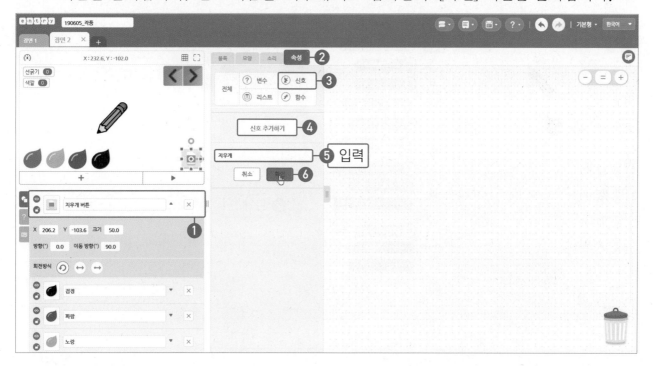

02 [블록] 탭을 클릭한 후, 📑(시작) 블록 꾸러미의 💡 오브젝트를 클릭했을 때 와 💡 지우개 ▾ 신호 보내기 📑 를 드래그하여 조립합니다.

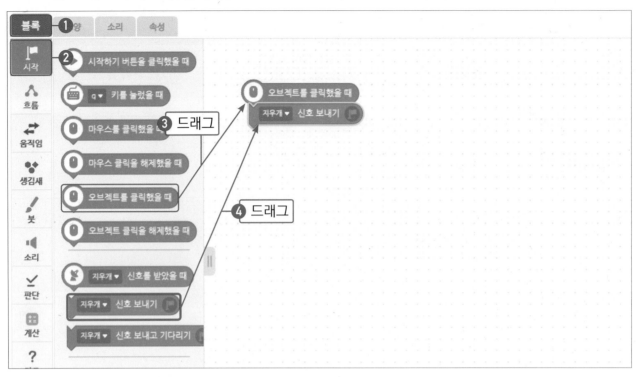

03 '지우개 버튼' 오브젝트가 신호를 보냈을 때 '연필(1)' 오브젝트에서 신호를 받아 그린 그림을 지우기 위해 '연필(1)' 오브젝트를 선택한 후 📑(시작) 블록 꾸러미의 🏆 지우개 ▾ 신호를 받았을 때 를 드래그하여 블록 조립소의 빈 곳에 삽입합니다.

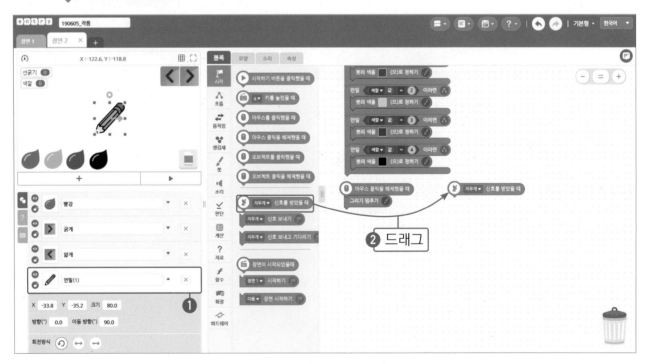

04 ✏(붓) 블록 꾸러미의 모든 붓 지우기 ✏ 를 드래그하여 조립합니다.

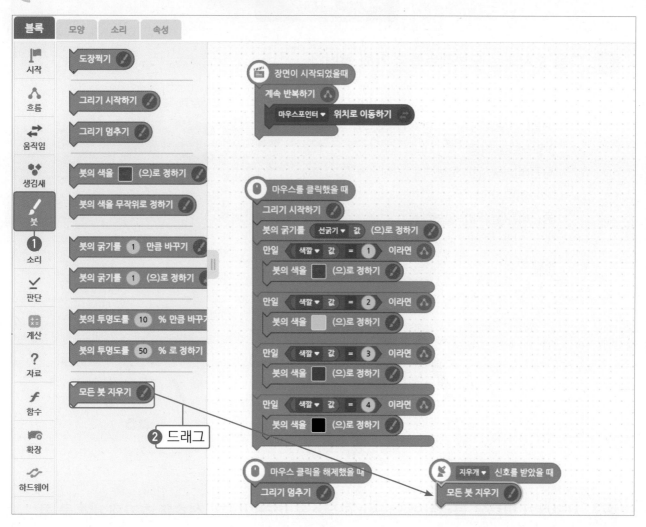

05 실행 화면의 [장면 1] 탭을 클릭한 후, ▶(시작하기) 버튼을 클릭합니다. 선 굵기와 색깔을 조정하여 그림을 그려 보고, 지우개 버튼을 클릭해 지워 봅니다.

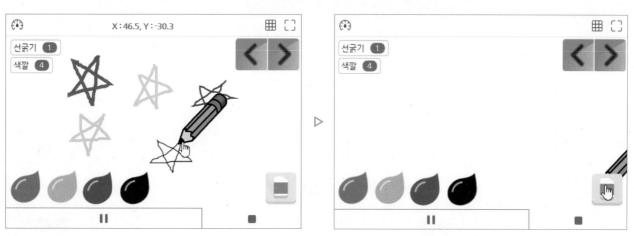

06 작품 이름을 '그림판'으로 변경한 후, 오른쪽 상단 메뉴 중 [저장하기(💾▼)]-[저장하기]를 클릭하여 저장합니다.

1 다음 순서대로 오브젝트를 추가해 봅니다.

- 오브젝트 추가 : 연필(2), 지우개, 둥근버튼(앞/뒤)
- '연필(2)' 오브젝트 : 방향(60°), 중심점 위치를 연필심으로 이동
- '둥근버튼(앞/뒤)' 오브젝트 : '선굵게'로 오브젝트 이름 변경
- '둥근버튼(앞/뒤)1' 오브젝트 : '선얇게'로 오브젝트 이름 변경, '둥근버튼(앞/뒤)_2'로 표시 모양 변경

- 오브젝트 목록 순서

- '선얇게' 오브젝트 모양 : [모양] 탭에서 '둥근버튼(앞/뒤)_2' 선택

2 시작하기 버튼을 클릭하면 연필이 마우스를 따라다니고, 신호를 추가해 버튼을 클릭했을 때 선 굵기를 얇거나 굵게 변경하고, 지우개 클릭 시 모두 지울 수 있는 그림판을 코딩해 봅니다.

- 신호 추가 : 지우개, 굵게, 얇게
- '연필(2)' 오브젝트의 붓 색 : 검정
- '얇게' 신호를 받았을 때 : 붓의 굵기 −2만큼 바꾸기
- '굵게' 신호를 받았을 때 : 붓의 굵기 2만큼 바꾸기
- '지우개' 신호를 받았을 때 : 모든 붓 지우기

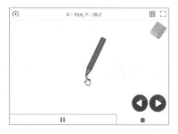  

3 문제 [1]~[2]에서 만든 작품을 '신호그림판'이라는 이름으로 저장해 봅니다.

좋은 책을 만드는 길
독자님과 함께하겠습니다.

도서에 궁금한 점, 아쉬운 점, 만족스러운 점이
있으시다면 어떤 의견이라도 말씀해 주세요.
시대인은 독자님의 의견을 모아 더 좋은 책으로 보답하겠습니다.

www.edusd.co.kr

엔트리 기초 코딩

초 판 발 행	2019년 07월 25일
발 행 인	박영일
책 임 편 집	이해욱
저 자	정동임
편 집 진 행	신민정
표지디자인	김도연
편집디자인	임옥경
발 행 처	시대인
공 급 처	(주)시대고시기획
출 판 등 록	제 10–1521호
주 소	서울시 마포구 큰우물로 75 [도화동 538 성지 B/D] 9F
전 화	1600–3600
팩 스	02–701–8823
홈 페 이 지	www.edusd.co.kr
I S B N	979–11–254–6028–2(13000)
정 가	10,000원